JN296522

教育経営学の視点から 教師・組織・地域・実践 を考える

子どものための教育の創造

岡東壽隆 監修

杉山浩之・諏訪英広・曽余田浩史
林 孝・福本昌之・矢藤誠慈郎
編集委員

北大路書房

まえがき

　教育基本法の改正，学校教育法の改正など，ここ10年間においても，子どもの教育をめぐる環境は大きく変化している。そのようななか，変化の激しいこれからの社会を生きる子どもたちに，「生きる力」「確かな学力」を育むことを求めて，各種の教育施策が展開されてきている。たとえば，「幼児期からの心の教育」「青少年のいじめ，不登校や問題行動等への対応」「青少年の奉仕活動・体験活動の推進」「子どもの体力向上」「食に関する指導」「キャリア教育の推進」「特別支援教育の推進」「次代を担う自立した青少年の育成」などがあげられる。では，子どもにとって真に有用な施策として展開していくためには，それらの教育施策には，どのような視点が必要とされるのか。

　また，そのような施策を通じて，今日の教育改革がめざしてきたものは何か。たとえば，これまでの教育改革の取り組みの全体像を示してきたものに，「21世紀教育新生プラン」（2001年1月，文部科学省）がある。これは「学校，家庭，地域の新生」をめざして，「学校が良くなる，教育が変わる」ための具体的な主要な施策や課題およびこれらを実行するための具体的なタイムスケジュールを明らかにしたものである。そのなかの文言に依拠すれば，「1. 人間性豊かな日本人を育成する」こと，「2. 一人ひとりの才能を伸ばし，創造性に富む人間を育成する」ことが目的としてめざされるところであり，「3. 新しい時代に新しい学校づくりを」をそのための手段として実現することがめざされてきた。

　とりわけ，学校教育に期待されるところは大きい。「21世紀教育新生プラン」に先だって，教育における規制緩和や地方分権化を提言した中央教育審議会答申「今後の地方教育行政の在り方について」（1998年9月）では，「学校の自主性・自律性の確立」とそれに伴う「学校の責任」が強調された。今日，学校評価システムや教員評価制度が，そのために実働することが求められている。このようななかにあって，今日の学校は多くの課題に直面していることは確かである。いじめ・不登校・学級崩壊といった子どもの危機的状況，教師の多忙化やバーンアウトなどの問題への適切な対応はもとより，生きる力の育成，情報

教育，国際理解教育，環境教育…等々の教育課題への対応が求められてきている。また，学習指導要領が改訂され，「総合的な学習の時間」の位置づけが新しくなり，小学校では「外国語活動」が新たに設けられた。これらの変化する状況にこたえて，子どもを主人公として育成していく教育を創造していくためには，どのような視点が必要とされるのか。

本書は，そのための視点を教育経営学の知見に求め，「教師の力量形成」「組織の理論」「地域教育経営」および「教育実践の経営」の視座から検討しようとするものである。

まず，第Ⅰ部「教師の力量形成」の視座からは，教師教育の連続性をふまえて，1章では，教師のキャリアの出発点にあたる「教育実習生」の力量形成をめぐって，「省察」をキーワードに明らかにする。2章では，学びと生活支援を職務とする保育士の専門職的成長を例に検討し，「キャリア開発」の支援のあり方について明らかにする。3章においては，今日求められる新たな「教員評価制度」をめぐって，その概要とともに目標管理と勤務評定を検討し，教師の力量形成に資するあり方を明らかにする。そして，4章では，学校経営を推進するスクールリーダーの力量をめぐって，外国の事例にも言及して「スクールリーダー教育」に求められる基本原理について明らかにする。

第Ⅱ部「組織の理論」の視座からは，学校や学校経営のあり方に対する新たな提案として，5章では，教師の孤立感・多忙感が危惧される学校の状況に対して「シナジェティックス」をキーワードに文学作品も取り上げて，教師どうしがつながり子どもと向き合う学校経営について明らかにする。6章では，組織文化論の限界を明らかにして「組織アイデンティティ論」を取り上げ，特色ある学校づくりを進める学校経営をめぐって組織アイデンティティ構築のあり方について明らかにする。7章においては，学校に求められる「知識経営」論を展開し，知識の循環を活性化させるための授業研究をめぐって，学校における組織的知識創造について明らかにする。そして，8章では，学校経営に示唆してきた「組織マネジメント」に関する理論の展開をたどって，探究的・生成的な学習の追求が求められていることを明らかにする。

第Ⅲ部「地域教育経営」の視座からは，われわれが地域を基盤とする生活者・生涯学習者であることをふまえて，9章では，兵庫県・神戸市の事例を取

り上げ，「生涯学習社会」における地域教育経営をめぐって論究する。10章においては，学校教育のあり方をめぐって「成人の学習」の成立条件をふまえて問い直し，学校教育への提言を明らかにする。そして，11章では，特別支援教育制度の概要と課題を明らかにし，地域との連携が不可欠な「特別支援教育」をめぐって地域教育経営論を展開する。

　第Ⅳ部「教育実践の経営」の視座からは，状況に合った現実的な問題解決を志向する教育経営学をふまえて，12章では，「特色ある開かれた学校づくり」をめぐってその基本的視座と意義を明らかにし，学校評価システムをそのための手段として生かす方途を明らかにする。13章では，「キャリア教育」をめぐってその背景や期待を明らかにし，キャリア教育推進の方向とその実践のあり方を明らかにする。14章においては，学校における子どもの学習集団や学級文化の有り様を明らかにし，学校に「協働の文化」を生成する学びのあり方を明らかにする。15章では，「カリキュラム・マネジメント」の理論的枠組みを検討し，その意義を明らかにして，カリキュラムを学校の中核として教育をつくる実践のあり方について明らかにする。そして，16章では，魅力的な学校をつくっていく今日の要請にこたえて「チャータースクール」の実践から示唆を得て，日本における魅力的な学校づくりの可能性を明らかにする。

　ところで，本書は，広島大学大学院教育学研究科教育経営学研究室において，岡東壽隆先生のもとで研究者としての基礎を学んできた者たちが執筆している。本書は先生の御定年を記念し，岡東先生にご監修いただき企画されたものであるが，執筆者それぞれの教育実践や研究活動に基づいた知見をもとに，結果として，教育経営学研究室の成果を問うという性格をも有している。各章の執筆者たちは研究者としてまだまだ道半ばである。しかし，執筆者それぞれは教育経営学の有用性と広がりを示そうと考えた。その試みが成功しているか否かは読者に委ねられるところであるが，本書の執筆にあたっては，現場の教師へのエールとなり，教師をめざす学生をエンカレッジし，研究者にも有益なアイデアを提供し得ることをめざすことが確認され，執筆者一同真摯に取り組んだところである。

　本書が，広く，学校の教職員，教育経営学を学ぶ学生・院生，さらには，教育経営学を中心とする大学教員に読まれ，子どものための教育を創造するため

に，なにがしかの貢献ができれば幸甚である。さらに，今日の教育界の進む方向をめぐって，教育経営学の視点から，ともに考える仲間が増えることになれば，執筆者たちにとって望外の喜びである。なお，「あとがきにかえて―教育経営学の周辺」では，日本教育経営学会会長も務められた岡東先生の教育経営学を志した研究者としての生き方が語られている。私たち教え子への最終講義として肝に銘じるとともに，今までに変わらぬ先生のご健康，ご発展とご指導を祈願するものであるが，読者の皆様にはご寛恕いただければ幸いである。

　本書の刊行にあたり，出版状況が思わしくないなか，出版に応じていただいた北大路書房の関係者の方々には，いろいろと労をとっていただいた。とりわけ，編集部の北川芳美氏には，本書の構成にあたりご助言いただくとともに校正にあたって有用なご示唆をいただいたことに感謝の意を表したい。

　2009年3月1日

編集委員を代表して　　林　　孝

もくじ

まえがき　1

第I部　教師の力量形成

1章　教育実習生の省察力の育成を考える（別惣淳二）　2
1節　省察的な教員を養成する必要性　2
  1.「技術的合理性」モデルから「省察的実践者」モデルへ／2. 教員養成カリキュラムにおける省察の重要性
2節　教育実習生の学習と省察　4
  1. メタ認知スキルに基づくCalderheadの省察モデル／2. メタ認知スキルの機能／3. メタ認知スキルの発達
3節　実習生の省察力を育てるために　7
  1. 実習生の学習の考え方に合わせた実習課題の設定と実習指導／2. メンターとしての実習指導教員のあり方／3. 実習指導教員と大学教員の協働的指導

2章　保育士のキャリア開発を支援する（矢藤誠慈郎）　12
1節　保育士とキャリア開発　12
  1. キャリア開発とは何か／2. キャリアのデザイン／3. キャリア・アンカー
2節　保育士の専門性とキャリア・アンカー　15
  1. 保育士の専門性／2. 保育士の専門職的発達
3節　保育士のキャリア開発のデザイン　17
  1. 人間資源の計画と開発モデル／2. 保育所におけるキャリア開発プログラム／3. 保育所の価値の向上へ

3章　教師の力量形成に資する教員評価制度（諏訪英広）　23
1節　教員評価制度の概要　23
  1. 教員評価制度導入の経緯／2. 制度の概要—A県を事例として
2節　目標管理と勤務評定　25
  1. 目標管理に関する検討／2. 勤務評定に関する検討
3節　教員評価制度に対する教師の意識　28
  1. 制度に対する教師の意識の経年比較／2. 目標管理と勤務評定に対する意識の比較
4節　教師の力量形成に資する教員評価制度のあり方　30
  1. 目標管理のあり方／2. 勤務評定のあり方

4章　スクールリーダー教育の基本原理を探る（金川舞貴子）
.... 34
　　1節　スクールリーダーとは何か　34
　　　　1.「スクールリーダー」の定義／ 2. スクールリーダー（校長）の役割の変容／ 3. スクールリーダーに求められる力量
　　2節　スクールリーダー教育の基本原理　37
　　　　1. 生涯学習の理念／ 2. 成人学習の原理／ 3. 社会的学習の原理
　　3節　スクールリーダー教育の先進事例──スコットランドの校長職専門資格プログラムの「職務実践を基盤とした学習」　41
　　4節　おわりに　43

第Ⅱ部　組織の理論

5章　学校経営のシナジェティックス（古賀野卓）
.... 46
　　1節　シナジェティックスとは何か　46
　　　　1. 日常の営みのなかにあるシナジェティックス／ 2.「普通」の教師たちのための組織論として／ 3. 対概念としてのサイバネティックス
　　2節　「個人の成果」が問われていることの意味　49
　　　　1. 背景としての新自由主義と構造改革／ 2. 学校評価の根底にあるもの／ 3. 学校評価の行きつく果て／ 4. 成果主義からの脱却
　　3節　石田衣良作品とシナジェティックス　52
　　　　1. 石田衣良のシステム観／ 2.『5年3組リョウタ組』のメッセージ
　　4節　いま，なぜシナジェティックスが必要なのか　54

6章　組織アイデンティティ論からみた学校経営（熊丸真太郎）
.... 56
　　1節　組織文化　56
　　　　1. 組織の見えないものへの関心／ 2. 組織文化論の意義と限界
　　2節　組織文化論から組織アイデンティティ論へ　60
　　　　1. 組織らしさを表わす組織アイデンティティ／ 2. 組織文化の限界を補う組織アイデンティティ
　　3節　組織アイデンティティ構築の視点からみる学校　63
　　　　1. 組織アイデンティティの構築／ 2. 学校における組織アイデンティティの構築

7章　学校の知識経営（織田泰幸） 67

1節　知識経営論への注目　67
2節　専門的職業による知識経営の違い　68
　　1. 先端技術産業／2. 医療／3. 教育
3節　暗黙知を転移するための「コーチング による徒弟制」　70
4節　知識の循環を活性化させるための授業研究　72
　　1. 授業研究における協働的な知識構築プロセス／2. 組織的知識創造のプロセスとしての授業研究

8章　学校の組織マネジメントに関する理論の展開
（曽余田浩史） 77

1節　効率性・合理性の追求——科学的管理法　77
　　1. 成り行き管理からの脱却／2. 科学的管理法のメカニズム／3. 合理化と学校の組織的特性
2節　人間性の追求　80
　　1. 人間関係論—ホーソン実験／2. 目標管理
3節　社会的価値の追求　83
　　1. 視点の転換—内側から外側へ／2. ミッションとアウトカム
4節　省察と対話の追求　85

第III部　地域教育経営

9章　生涯学習社会における地域教育経営（安原一樹） 90

1節　地方自治体にみる地域教育経営としての生涯学習施策　90
　　1. 学習機会の拡大／2. 今後の方向性
2節　生涯学習支援のための基盤づくりの拡充　93
3節　神戸市における学校経営にかかわる地域教育経営推進策　95
　　1.「特色ある神戸の教育推進アクティブプラン」策定の経緯／2. アクティブプランの内容
4節　兵庫県CSRにみる地域教育経営としての施設経営　96
5節　地方自治体の変革と「生涯学習まちづくり」による地域教育経営の刷新　97

10章　成人の学習をとおして学校教育を問い直す（赤木恒雄） 100

1節　成人の特性　100
　　　2節　成人の学習のあり方　102
　　　3節　成人の学習の成立条件　104
　　　　　1. 学習の阻害要因の類型／2. 学習参加の構造
　　　4節　学校教育における教育のとらえ方　106
　　　　　1. 教育のとらえ方の変更／2. 自己主導的学習能力の育成／
　　　　　3. 学校教育への提言

11章　地域教育経営――特別支援教育の視座から（河相善雄）
　　　　　　　　　　　　　　　　　　　　　　　　　　　　110
　　　1節　特別支援教育構想と制度改革としての意義　110
　　　2節　特別支援教育の制度と課題　113
　　　　　1. 特別支援教育制度／2. 特別支援教育教員の資質と養成／
　　　　　3. 特別支援教育制度の課題
　　　3節　特別支援教育からみた地域教育経営論　118

第IV部　教育実践の経営

12章　「特色ある開かれた学校づくり」に学校評価システム
　　　を生かす（林　孝）
　　　　　　　　　　　　　　　　　　　　　　　　　　　　122
　　　1節　「特色ある開かれた学校づくり」への基本的視座とその意義
　　　　　122
　　　　　1. 「特色ある開かれた学校づくり」への基本的視座／2. 「特
　　　　　色ある開かれた学校づくり」推進の意義
　　　2節　「特色ある開かれた学校づくり」における学校評価システム
　　　　　の可能性　125
　　　　　1. 学校評価システムの基本的考え方／2. 学校評価システム
　　　　　の意義と可能性
　　　3節　「特色ある開かれた学校づくり」のプロセスと学校評価シス
　　　　　テムの実践　129
　　　　　1. 「特色ある開かれた学校づくり」のプロセス／2. 学校評
　　　　　価システムによる「データに基づく対話」推進のあり方

13章　キャリア教育の実践に向けて（小山悦司）
　　　　　　　　　　　　　　　　　　　　　　　　　　　　133
　　　1節　キャリア教育の背景　133
　　　　　1. キャリア教育の歴史的背景／2. キャリア教育とは何か
　　　2節　キャリア教育への期待　135
　　　　　1. キャリア教育の動向／2. キャリア教育のめざすもの
　　　3節　キャリア教育をどう実践するか――経営的視点から　139
　　　　　1. キャリア教育推進の方向／2. キャリア教育実践上の留意

点／3. キャリア教育の課題と展望

14章　協働の文化をつくる学校（杉山浩之） ············ 143
- 1節　一人ひとりの「個」が生きている学習集団を醸成する教育　143
  - 1.「だまされない，したたかに生きる子ども」を育てる教育／2.「子どもの学びと教師の授業」との緊張関係／3. 教師が授業にあたり留意すべきこと
- 2節　「ヨコのつながり」のある学級文化　146
  - 1.「ともに学びあう」文化／2. 学級が「子どもが本音で生きる居場所」となること／3. 社会における「タテとヨコの関係」のバランス
- 3節　授業研究と教育・保育職をめざす学生への支援　148
  - 1. 授業研究と教師の学び／2. 保育実習報告会を自主運営する学生の学び／3. 話しあい学習における学生の学び
- 4節　おわりに　152

15章　カリキュラムを経営する（福本昌之） ············ 154
- 1節　いま，なぜカリキュラムか　154
- 2節　教育課程経営論とカリキュラム・マネジメントの異同　156
  - 1. これまでの教育課程経営論の特徴―教育実践と教育管理の分離／2. 学校経営戦略としてのカリキュラム・マネジメント
- 3節　カリキュラム・マネジメントの意義　159
  - 1. カリキュラムづくり／2. カリキュラム・マネジメントの過程
- 4節　おわりに　163

16章　チャータースクールからみた魅力的な学校づくり
（湯藤定宗） ············ 165
- 1節　魅力的な学校をつくっていく必要性と必然性　165
  - 1. 公立学校において魅力的な学校づくりが必要な理由／2. チャータースクール誕生の必然性
- 2節　チャータースクールにおける魅力的な学校づくり　167
  - 1. 米国におけるチャータースクールの概要と特徴／2. 自らつくることができる魅力的な学校
- 3節　日本における魅力的な学校づくりの可能性　171
  - 1.「開かれた学校」を標榜するコミュニティ・スクール改革／

2. チャータースクールからの示唆とわれわれができること

あとがきにかえて──教育経営学の周辺（岡東壽隆）
・・・175

　人名索引　　187
　事項索引　　188

第 I 部

教師の力量形成

1章 教育実習生の省察力の育成を考える

●●● 別惣淳二

　教員養成では、教員をめざす学生に生涯にわたって学習し続ける教員としての基礎を身につけさせることが求められている。そのために、教育実習などの実践諸科目では学生が主体的に自己の教育実践を分析・評価し、実践の改善に必要な新たな理論や知識・技術を実践経験のなかからつくり出していくことができる省察力を育むことが課題になっている。

　そこで本章では、教育実習における実習生の学習と省察の態様にふれながら、彼らの省察力をいかに育てるのかについて検討する。

1節　省察的な教員を養成する必要性

1.「技術的合理性」モデルから「省察的実践者」モデルへ

　これまで教員養成では、教員に必要とされる資質能力の形成に際して、授業や教育等に関する学問的知識や教授スキルの習得に重点が置かれてきた。その背景には、大学において科学に基づく教育の学問的知識や教授スキルを習得させ、それを授業等の実践場面に適用できるように習熟すれば、誰でもうまく授業が展開でき、子どもたちにも効率よく学習させることができるという「技術的合理性（technical rationality）」モデルに基づく考えがあった。

　しかし教員は、授業等における複雑で不確実な性質を含んだ問題状況や、さまざまに課される社会的要求に応じながら職務を遂行しなければならないため、教育の学問的知識や教授スキルを実践場面に適用するだけでは十分な教育的成果を得ることはできない。そこで、欧米に限らずわが国の教師教育においても、

Schön（1983）が提唱した「省察的実践者（reflective practitioner）」（訳語として反省的実践家をあてることもあるが，本章では訳書にならい省察的実践者を用いる）の概念を用いて，そのモデルへの転換が叫ばれている。これはすなわち，教員が自分の授業実践とその問題状況を批判的，分析的に評価し，そこから新たな知識を生成したり，自己の授業実践を変えたりする省察力を身につけるというモデルである。

わが国の場合，省察的実践者モデルは，養成教育よりも，ある程度の教職経験を積んだ教員を対象とした現職教育の段階に求められてきた（佐藤，1993）。しかし，現職教育と養成教育との連続性を考慮に入れれば，学校現場での実践経験の少ない実習生にも「省察的な教員」になるための基礎を身につけさせることが必要である。

2. 教員養成カリキュラムにおける省察の重要性

1997年の教育職員養成審議会第一次答申以降，養成段階では，教職志望学生に「最小限必要な資質能力」，すなわち採用後の職務に著しい支障が生じない程度の実践的指導力を身につけさせることが求められている。そのため，国公私立に関係なく教員養成を担う各大学・学部が，1年次から教育体験科目を設けたり，教育実習以外に学校でのインターンシップや放課後学習支援をカリキュラム化したりするなど，養成段階での実践志向，体験志向が強まっている。

そうしたなか，日本教育大学協会（2004）は，教育実習などの教育現場での体験の場と大学での研究的な省察の場を往還させる「教員養成コア科目群」を中核とした教員養成のカリキュラム・モデルを提唱した。

このカリキュラム・モデルでは，各大学・学部が学生に教育実習や教育的体験の場を提供するだけでなく，学生自身がそこで得たさまざまな体験を結びつけたり深めたりすることができるように，「教育的体験に関わる活動を体系化し，その教育的体験を実践に結びつく理論として構成する場を設定する」（日本教育大学協会，2004）ことを強調している。具体的には，図1-1に示すように，教育現場での体験と教科専門・教職専門で得た知識が，「教育フィールド研究」での省察によって，新たな「臨床の知」や「実践の知」を生成する構造になっている。このように，教員養成カリキュラムにおいても，教育現場で体

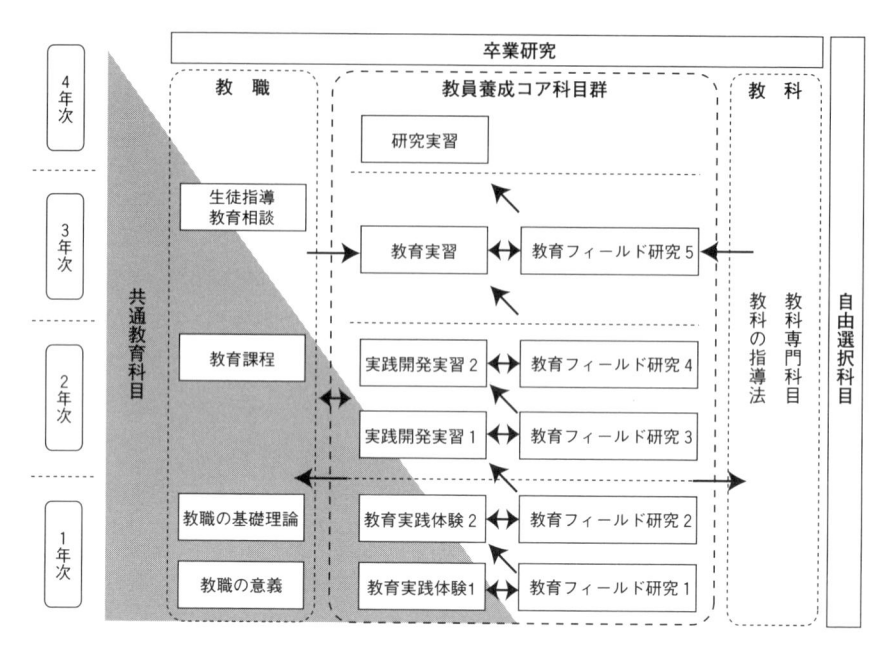

図1-1 教員養成のカリキュラム・モデルの〔概念図〕（日本教育大学協会，2004）

験を積むだけでなく，その体験を理論的，研究的に省察することの重要性が認識され始めている。

2節　教育実習生の学習と省察

　それでは，実習生はどのような学習過程を経ながら「省察的な教員」としての基礎を身につけていくのかを以下にみていきたい。

1．メタ認知スキルに基づく Calderhead の省察モデル

　先述したように，これまで教員養成では，技術的合理性モデルに従って，学生が大学で学んだ教材，子ども理解カリキュラム，教授方法，等に関する学問的知識を，教育実習などの授業実践に適用できるように教育が行なわれてきた。
　ところが，実際に教育実習でそれらの知識を実践に移す段階になると，実習生はそうした学問的知識を実践に適用することができない。結果的に実習生は，

児童・生徒の立場で長年観察してきた担任教師や実習校の指導教員が行なう授業イメージを実践的知識として実際の授業場面に適用する傾向がみられた。ここでいう実践的知識とは，授業イメージ等を含む行動に直接結びつく知識であり，「実際の状況をうまく処理するために，教室での経験から導かれ，簡単に授業実践に適用できる知識」(Calderhead, 1988) のことである。

　しかし，実習生の実践的知識は，どのような授業場面でも適用できるものではない。すでにもっている実践的知識が適用できる範囲内では，実習生の授業はある程度うまく展開する。だが，多様で複雑な授業場面になると適用できなくなり，実習生の教授能力の発達は停滞する傾向がみられた。

　実習生がこうした事態を克服するためには，授業実践における多様な対象，状況，文脈に応じて既有の実践的知識を応用できるようになることが求められる。そのためには，既有の実践的知識を新たに適用できる実践的知識へと再構成する能力が求められる。Calderhead は，その能力をメタ認知スキル (metacognitive skill) と名づけ，その能力を用いて新たな実践的知識をつくり出す過程をモデル化した（図1-2）。実習生はメタ認知スキルによって，大学で学んだ教材，子ども理解，カリキュラム，教授方法に関する学問的知識と既有の授業イメージを含む実践的知識を相互作用させ，多様な授業実践の状況や文

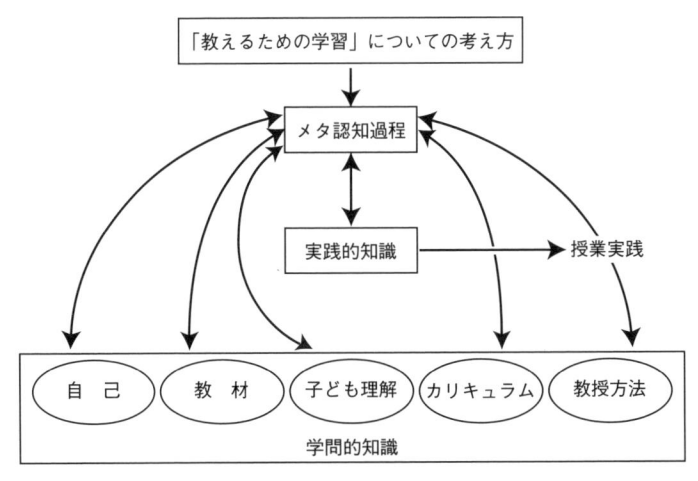

図 1-2　メタ認知スキルに基づく実習生の省察モデル（Calderhead, 1988, p.59 を改変）

脈に応用できる新たな実践的知識をつくり出す。Calderhead（1988）はその過程を省察ととらえた。

2. メタ認知スキルの機能

　メタ認知スキルは，実習生の授業の計画段階や評価段階において重要な役割を果たす。

　まず，授業の計画段階である。子どもたちの学習活動を構想する際には，子ども理解，カリキュラム，教授方法等の学問的知識とその学校の実践についての幅広い知識を利用して，学級と子どもたちの特徴を実践的知識として抽出しなければならない。その抽象化の過程では，実践的知識や授業の文脈で使えるイメージを生成するためにメタ認知スキルがさまざまな知識を相互作用させる。また，どのような授業形態を採用するかについての決定過程では，メタ認知スキルによって教材，子ども理解，教授方法等の学問的知識を比較，対照しながら，徐々に精神的イメージのなかで授業計画をつくり上げていくことになる。

　さらに評価段階でも，メタ認知スキルは広範な領域からなる学問的知識を利用し，抽象化し，比較するために必要となる。評価の過程は，自分の授業と理想的な授業を比較する。その場合に，教科内容や教材に関する知識と学習理論の知識は，各場面で自分の教授行動がどの程度適切であったのか，あるいは自分の授業が理論的な教授原理とどのように比較できるのかを考えるために使用される。また，学習理論やその他の学問的知識は，実習生が授業分析を行なう際に，授業で用いた教授方法が子どもたちの学習の質を向上させるうえでどのような影響を及ぼしていたのかを考えるために使用される。

3. メタ認知スキルの発達

　では，実習生のメタ認知スキルはどうすれば発達させることができるのか。
　Calderhead（1988）は，メタ認知過程の上部構造として，「教えるための学習についての考え方」が存在すると仮定する。この「考え方」が，メタ認知スキルの発達に強い影響を及ぼすと考えられている。
　たとえば，実習指導教員の授業実践を模倣することを「教えるための学習」ととらえる実習生にあっては，メタ認知スキルを発達させることができない。

それは，実習指導教員の教授行動が適切か不適切かを吟味しないまま受容し，無批判にその行動を自己の教授行動に適用するためである。

一方，自分の授業実践に対して綿密な評価を行なうことを「教えるための学習」ととらえる実習生にあっては，メタ認知スキルを発達させることができる。それは，何が適切で，何が不適切な教授行動であるのかを明確に示すことができ，さらに自分自身の教授行動が適切であったかどうかも評価することができるためである。たとえ自分の教授行動が不適切であったとしても，なぜそれが不適切であったのかという根拠を明確に述べることができるのである。また，理論と実践の統合の立場から「教えるための学習」として新たな自己の学習課題を見つけようとする実習生にあっても，学問的知識と実践的知識を相互作用させるメタ認知スキルを発達させることができる。

もっとも，実習生はすぐにメタ認知スキルを発達させることができるのではない。Calderhead（1987）は，実習生を対象にした事例研究の結果から，実習生の学習の初期段階は一般に実習指導教員の教室におけるルーティンを身につけることに特徴づけられると指摘する。実際に自分の授業を省察する能力が発達するのは，授業についての自信と基本的な能力が身についてからである。このときに，実習生が授業実践について解釈し，評価するために指導・支援が必要になるとCalderheadは強調する。

以上のことから，実習生が自己の授業実践について省察できるようになるには，実習校の指導教員の授業ルーティンを模倣して学び，教師として授業についての自信と基本的な能力を身につけることが重要であるといえる。

3節　実習生の省察力を育てるために

前節でCalderheadのモデルに依拠してみてきたように，実習生に教職生涯にわたって学習し続ける基礎としての省察力を身につけさせる必要がある。

しかしながら，わが国の教員養成や教育実習の現状をみると，必ずしも省察力を身につけられる状況にいたっていない。ある大学の実習生の学習過程を調査した結果から，「指導教員から指導されたことに従って実践してみたり，子どもと上手に接しながら子どもの内面を理解したりすることは得意だが，他者

との対話的コミュニケーションをとおして自己の実践に対する考えを省察したり，他者の実践と自己の実践を比較・分析し省察することは得意ではない実習生が多い」（別惣，2004）ということが明らかになっている。

実習生に省察力が身につきにくい一つの要因として，欧米に比べてわが国の実習期間が短いことがあげられる。しかし，実習期間を欧米なみに増やせばおのずと実習生に高次な省察力が身につくというわけでもない。本節では，実習生の省察力を育てるためには何が必要かを検討していきたい。

1．実習生の学習の考え方に合わせた実習課題の設定と実習指導

教育実習において実習生に省察的な学習を促すためには，実習生がどのような学習の考え方をもって教育実習に取り組むかに注目する必要がある。

実際に，実習生は教育実習にさまざまな学習の考え方をもって参加する。たとえば，ほとんどの実習生は教え方を大学教員や実習指導教員に教えてもらうことを期待する。またある実習生は試行錯誤を通じて経験から自分自身が学習することを考える。別の実習生は自分にとって親しみのある教員の授業をモデルにして実践してみることを考える。残りの実習生は実践について学習することを問題にせず，誰でも教えることができると考える（Calderhead, 1992）。

これらのうち，指導教員から教えてもらうことを期待して実習を始める実習生に彼らの経験を省察させたり，彼らの信念や暗黙知を意識させることは，逆に彼らの学習への意欲を低下させる危険性がある。そうした実習生には教授スキルや授業ルーティンといった授業に必要な基本的能力を獲得させるか，あるいは，省察的な態度で実習に取り組んでいる仲間の実習生の支援を得ながら学んだほうが望ましい成果が得られる。

他方，実習期間中に自分の授業について綿密な評価を行なうという学習の考え方をもつ実習生や，理論と実践を統合させて自分の新たな学習課題を見いだそうと考える実習生も存在している。そうした実習生には，Calderhead が指摘するように，授業についての自信と基本的な能力が身についたときを見極め，支援することによって，省察力を身につけさせることが可能になるだろう。

したがって，実習生に省察的な学習を促すためには，実習生一人ひとりに自身の学習の考え方に合った実習課題を立てさせ，その課題意識をもって実習に

取り組ませることが重要である。実習指導教員の授業方法や授業ルーティンを真似たり，実習指導教員に教え方を教えてもらうことを期待する実習生には，その教え方に習熟するための実習課題を立てさせる必要がある。また，ある時点から自己の授業実践に対する気づきや省察をとおして学習することの重要性に気づいた実習生には，他者の授業実践との比較や，自己の授業実践についての他者評価と自己評価を通じて実習課題を立てさせる必要がある。

2．メンターとしての実習指導教員のあり方

　実習生の成長や資質能力形成には，実習校での指導教員の質が大きな影響を及ぼす。その意味で，実習生に省察的な学習を促すためには，メンター（mentor）のメンタリング（mentoring）が重要な意味をもつ。メンターとは授業実践について批判的に思考し，実習生と協働で取り組む探究者としての役割を果たす人であり，教育実習では実習校の指導教員が該当する。メンタリングは，メンターが実習生との省察的対話を通じて彼らの専門的自立を見守り，援助的な指導助言を行なう行為を指す。

　すでにメンタリングが定着している英国では，実習生の発達段階に沿って実習指導が行なわれている。磯崎ら（2002）によれば，まず教育実習の最初の段階は「教師としてふるまう」ことをめざし，実習生が自身の実践的指導力を発達させるために，指導教員の行動を真似たり，それを洗練させることに集中する。その次の段階では「教師のように考える」ことが課題となる。実習の最終段階では実習生が「省察的実践者」として成長することがめざされる。そして，各段階は，「焦点を絞った観察」－「（メンターとの協働または実習生個人の）授業実施」－「メンターとの反省会でのふり返りと課題抽出」という3つの活動によって構成されており，実習生はメンターとの対話を通じて自己省察を行ない，次の段階での授業実践に焦点化ができるよう工夫されている。こうした過程を経て，実習生は，学校や授業の文脈について省察的探求ができるようになり，省察的実践者としての教員へと成長していくと考えられている。

　しかし，わが国では英国のように教育実習の指導について特別な研修や訓練を受けた教員が実習指導にあたっているわけではない。また，わが国の場合は欧米に比べて実習期間が短く，実習生が「省察的実践者」のレベルまで到達し

ていないのが実情である。けれども，実習生に対して省察力を育成するためには，実習指導にあたるメンターが，実習生がどのような発達段階や成長過程を経て省察力を身につけていくのかを理解しておく必要がある。特に教育実習では，実習生に教員として必要な基本的能力を身につけさせるだけでなく，絶えず自己の実践を改善しながら，実践についての意思決定と省察ができるように彼らのメタ認知スキルを発達させることが重要な課題となる。そのため，メンターには，第一に教員として求められる基本的な資質能力の到達度によって，第二に実習生が自身の授業実践を分析し評価できた程度によって実習生を評価し，彼らの専門的自立に向けた適切な指導助言を行なうことが求められる。

3. 実習指導教員と大学教員の協働的指導

　わが国の多くの教育実習は，実習生の指導を実習校に一任する形で実施されてきた。そこでの実習指導は，実習校の指導教員と実習生，あるいは大学教員と実習生という教え手と学び手の直線的な閉じた関係となっていた。そのために，省察的実践を教育実習に位置づけることは困難であった。

　それを克服する第一歩としては，教育実習を通じて実習生に何をどの程度まで身につけさせるのかを明確にした実習到達基準を設け，それを共通の指導目標にしながら実習指導教員と大学教員が協働して実習期間中の実習生の指導にあたるという体制づくりが求められる。また，授業後に実習生の省察を促すカンファレンス（協議会）では，実習生に多角的な視座からの分析と省察を促す意味から，実習指導教員だけでなく，大学教員も加わり，理論的知見から実習生の授業を評価し，対話を通じて実習生の指導にあたる必要がある。そのためカンファレンスでは，実習指導教員，大学教員，実習生の三者で省察的な対話を行なうことによって，実習生自身の授業に対する理解が実践的な理解にとどまらず，理論的な理解を伴った形で深まっていくことがめざされるのである。さらに，そうした指導体制においては，実習生の実習評価も実習校に一任するのではなく，訪問指導を行なう大学教員も実習評価の責務の一端を担うことになる。

　こうした実習指導教員と大学教員との協働的指導を可能にするためには，双方の綿密な連携が必要になるが，同時に事前事後指導を含む大学の授業科目

と教育実習とのつながりも求められる。その際，教育実習を養成カリキュラムの中核に据えて，事前と事後で学生に何をどのように学ばせるかを検討しなければならない。事前学習では実習での実践や改善に必要な専門的知識と教育技術の習得が中心になるが，事後学習では教育実習をふまえた省察的学習が重要になる。その方法としては，講義以外に，たとえば，模擬授業や授業実習のVTRを用いて指導者と実習生が評価的な対話を行なう授業分析があげられる。また，実習日誌やティーチング・ポートフォリオによって自己の実践をふり返り，実践から得た成果を記述し物語る方法も考えられる。さらに，意思決定を要する問題事例について指導者との討論をとおして分析し，最終判断を下すケースメソッドなども考えられる。ここで重要なことは，自己や他者の実践について理論的な枠組みから意味づけし，実践の理論化を図っていく実習生の省察力を大学の授業のなかで開発することである。

●●● 引用・参考文献

有吉英樹・長澤憲保（編） 2001 教育実習の新たな展開 ミネルヴァ書房
浅田 匡・生田孝至・藤岡完治（編） 1998 成長する教師 金子書房
別惣淳二 2004 教育実習生の学びの過程に関する一考察 教育学研究紀要, 50, 178-183.
Calderhead, J. 1987 The Quality of Reflection in Student Teachers' Professional Learning. *European Journal of Teacher Education*, 10(3), 269-278.
Calderhead, J. 1988 The Development of Knowledge Structures in Learning to Teach. In J. Calderhead(Ed.) *Teachers' Professional Learning*. New York: The Falmer Press. Pp.51-64.
Calderhead, J. 1992 The Role of Reflection on Learning to Teach. In L. Valli (Ed.) *Reflective Teacher Education* (SUNY series in teacher preparation and development). Albany, N.Y.: State University of New York Press. Pp.139-146.
磯崎哲夫・磯崎尚子・木原成一郎 2002 教育実習に対する国立大学附属学校指導教官と教育実習生の意識調査 日本教科教育学会誌, 25, 21-30.
日本教育大学協会 2004 教員養成の「モデル・コア・カリキュラム」の検討
佐藤 学 1993 教師の省察と見識—教職専門性の基礎— 日本教師教育学会年報, 2, 20-35.
Schön, D. A. 1983 *The Reflective Practitioner: How Professionals Think in Action*. New York: Basic Books. 柳沢昌一・三輪健二（監訳） 2007 省察的実践とは何か—プロフェッショナルの行為と思考— 鳳書房

2章 保育士のキャリア開発を支援する

●●● 矢藤誠慈郎

　保育士への社会的要請が拡大し，とりわけ，0〜18歳の児童（児童福祉法第4条）の学びと生活両面の支援を職務とする保育士の専門性への要求は大きい。一方で，教師等と比べて，その養成や研修についての構造化が十分でなく，保育士の専門職的成長は，個人の努力にゆだねられている側面が強い。本章では，この課題に対して，「キャリア開発」から考えてみたい。専門職のライフコースを組織的にデザインするという視点から，保育士を例として，専門職的成長を促す道筋を示していく。

1節　保育士とキャリア開発

　保育士は資格を取得した時点で，制度的には一応完成した専門家とみなされている。しかし実際には，悩み，失敗しながら成長していく。そして制度的な定義がどうであれ，ある時点で完成されるということもあり得ない。そうであるなら，よりよい専門家であるためには，絶えず成長していくほかはない。また，保育士は一人でではなく，組織の一員として仕事をしている。保育士が常に課題を抱えた成長の途上にある存在であるとすると，組織的な取り組みにより，足りないところや未熟なところを補いあい，長所を育てて，保育実践を全体としてよりよいものにしていかなければならない。

　保育士が成長する存在であるというタテ糸と，保育士が組織の一員であるというヨコ糸とをふまえて，経営的視点から実践の質を高めようとするときに，「キャリア開発」が重要な課題となる。

1. キャリア開発とは何か

「キャリア」とは何か。Super（1980）は、「人々が生涯において追い求め、占めている地位、職務、業務の系列」と述べている。つまり単に、仕事上の地位の昇進とか、職務能力の向上などにとどまらない、個人のアイデンティティと深くかかわった概念である。（「キャリア」の語源については、13章を参照）組織の営みの一つとしての「キャリア開発」とは、個人と組織のニーズをマッチングしていくことであり、さらにそのことにより、個人と組織、両方の成長と発展を導く方法である。

組織のメンバーのキャリアが発達していくときには、個人においては、「仕事・家族・自己への関心が人の内部で生涯を通じて強く影響し合う」（Schein, 1978）ので、適切なキャリア開発はメンバーの個々の人生に一定の安定した方向性をもたらし、組織においては、パフォーマンスの向上につながる。

2. キャリアのデザイン

キャリアを開発していくなら、メンバー個人にも、組織のマネージャーにも設計図が必要である。メンバー一人ひとりのあり方は多様である。したがって、ただ研修を積み重ねても、皆が同じように成長していくわけではない。また、組織にとっては、成員の成長が組織にとってメリットがあること、つまり組織への貢献を高める成長であることが望ましい。

そのために、組織のマネジメントの一つの側面として、メンバー一人ひとりのキャリアをデザインし、それをもとにした組織的なプログラムをつくり、さらにそれを柔軟に運用するということがある。ここで「柔軟に運用する」という点は重要である。人の課題やアイデンティティは時間の経過とともに変化するので、その現実に応じた運用が必要なのである。

経営的な課題としてキャリアのデザインと、キャリア開発を進めていくことが、組織のパフォーマンスの向上にとって重要である。

3. キャリア・アンカー

キャリアをデザインするにあたって重要な点の一つは、メンバー一人ひとりの「キャリア・アンカー」を見いだすことである（Schein, 1978）。アンカー

とは，錨（いかり）である。錨が船を安全に停泊させるように，キャリア・アンカーは，キャリア開発の方向性を安定させる。

Schein（1978）はキャリア・アンカーを構成する自己イメージの3つの成分として，①自覚された才能と能力，②自覚された動機と欲求，③自覚された態度と価値をあげている。つまりキャリア・アンカーとは，単に，キャリアのよりどころとなる特長といった技術的な側面にとどまらない，仕事を続けていくうえでのアイデンティティのよりどころであるといえる。

彼は，キャリア・アンカーについて，5つの留意点を示している。第一に，キャリア・アンカーは，「職務価値あるいは仕事へのモチベーションの典型的概念より広義」である。人の仕事の一生を通じてのよりどころであり，個人の人生にも価値を導くものである。

第二に，キャリア・アンカーは「実際の仕事体験を重視するので，…テストから予言することはできない」。仕事の実践に携わりながら，その環境と個人との相互作用の結果，発見されていくものである。

第三に，この概念は「全体的な自己イメージにおける能力と動機と価値の間の相互作用を強調する」。キャリアを理解するときに，能力や動機や価値を個別の要素に還元することは意味をなさない。それらは相互に影響しあっているし，キャリア・アンカーの概念は，それらが個人のなかで全体的な自己イメージとして統合されていくことを促すものである。

第四に，キャリア・アンカーは「キャリア初期の何年かの間にやっと発見することができる」。なぜなら，人はさまざまなリアリティに接するなかで，「自分の能力と動機と価値が実際どう影響し合い，これらがどう自分に可能なキャリア選択と一致するか」を知っていくからである。したがって，第二の点と合わせて考えるなら，キャリアのデザインは，あらかじめ適性検査などのテストによって定められるわけではなく，職業生活の初期（あるいはその以前）からしばらくの期間のうちに，キャリア・アンカーの探索とともに並行して試みていくべきことである。

第五に，この概念は，「個人の内部で増大する安定性の領域を明らかにするためのもの」である。安定するということは，変化や成長をやめるということではない。むしろ成長と変化を許容する（あるいは促すといっていいかもしれ

ない），安定性の源泉のことである。この変化は，キャリア・アンカー自体にも及ぶこともあり得る。

2節　保育士の専門性とキャリア・アンカー

　本節では，キャリア・アンカー概念を手がかりに，キャリア開発のタテ糸である，保育士の専門性の成長のあり方を考えていく。

1．保育士の専門性
　保育士に望まれる専門職像として，「成長し続け，組織の一員として協働する，反省的実践家」（全国保育士養成協議会専門委員会，2006）があげられる。
　この3つの要素は個別に還元され得るものではなく，相互に強くかかわっている。成長し続けるためには学び続けることになるが，学びは個人の頭のなかで個別に発生するわけではなく，他者とのかかわりから，新たな知を得たり，すでにもっている知が修正されたり触発されたりして新たな知へと発展するといった側面が強い。省察的実践の大きな要素はふり返りであるが，ふり返って評価するための尺度は，他者とのかかわりのなかでその水準や精度が高まる。ふり返りがより適切に行なわれれば，人は成長する。
　保育所は言うまでもなく，組織的に仕事をしている。そして保育という実践は，あらゆる出来事が一回性であって，工場で規格品を組み立てるように標準化することができないので，ふり返りの積み重ねによって質を高めていくほかはない。そしてそれらが保育士の専門職的成長，つまりキャリア開発に強くかかわりあっているとするなら，キャリア・アンカー概念を保育士のキャリア・デザインに取り入れて，教育経営学的視点からキャリア開発を進めていくことが有用だと思われる。

2．保育士の専門職的発達
　では具体的に，保育士には一般的にどのような発達課題が見いだされるのであろうか。Vander Ven（1988）は，米国の保育者について5段階のモデルを示している。すなわち，「段階1：素人・新任の段階，段階2：初任の段階，段

階3：洗練された段階，段階4：複雑な経験に対処できる段階，段階5：影響力のある段階」である。それぞれの内容は，Scheinの見解と同じように，自己の能力と動機と価値がかかわりあっており，単に職務能力の向上だけでなく，アイデンティティの展開に大きくかかわっている。そして，この5段階のステージが，一般的にはおおむね共有され得るものであることは認められるだろう。

しかし秋田（2000）がいうように，「つねに，保育者は日々の保育を生成し，その生成をふりかえるとそこに道ができている」のであって，あらかじめ敷かれたレールを歩んでいるわけではない。「目標志向や予定調和的段階ではなく，それは各自がつくりだす変化それ自体」なのである。これはSchein がキャリア・アンカーを，あらかじめ用意可能なものでなく，見いだしていくものだと論じていることに通じる。

こうして保育士は成長していくが，その際，保育は次のような3つの困難を内包している（秋田，2000）。第一に異質な他者としての子ども理解のむずかしさ，第二に応答性や無限定性を伴うケアという行為のむずかしさ，第三に子どもをとりまく大人たちとの関係づくりのなかで私らしい保育，保育者としての自分をつくっていくむずかしさである。秋田によれば，第一の困難さにおいて，保育者は子どもの異質性に気づいて，わかろうとしつつもわかり得ない状況とつきあいながら働きかけ，探求していくことで，子どもの姿を「複合的多面的な視点から即興的にとらえ発達を見通す実践的思考が専門性として培われていく」。第二の困難さにおいては，「ケアという行為の質的むずかしさと無限定的な責任感からくる自己犠牲やそれをどのように克服していくのかという自分なりの実践知」や「自分が引き請けられる領域についての自覚と自己肯定感」が経験とともに得られていく。第三の困難さにおいては，専門家としての保育者の自分づくりが，「子どもたちを核にする大人たちのネットワークの拡がりと深まりのなかで，共に各自が自分の声と場を見いだす過程として捉えることができる」。

秋田はこれらを，「専門家として働き続ける限り続く自己の変容と生成の過程」と結論づける。

3 節　保育士のキャリア開発のデザイン

　本節ではキャリア開発のヨコ糸である，組織としての取り組みについて考えていく。保育所長は，「専門家として働き続ける限り続く自己の変容と生成の過程」を，保育士の個人的問題として，あるいは自然発生的なものや，偶然に左右されるものとして放置せず，保育士の成長をマネジメントしていくという経営的視点からリーダーシップを発揮しなければならない。

　先に述べたように，キャリア・アンカーは，仕事の実践に携わりながら，その環境と個人との相互作用の結果，発見されていく。保育所長には，保育士がキャリアを開発していくための環境を整え，またキャリア開発を意識しながら職業生活を送っていくことを促すようなプログラムを策定していくことが望まれる。

　このことは，保育所が保育士一人ひとりを大切にし，一人ひとりに目を配り，その成長をともに喜びながら保育実践の質を向上させていくことにつながる。

1．人間資源の計画と開発モデル

　保育士のキャリア開発を考えていく前に，キャリア開発の全体像を確認しておこう。Schein（1978）は，「人間資源の計画と開発」の基本モデルを，図2-1のように示している。

　図2-1の「調和過程」が，キャリア開発の核となる。

　この段階では，個人と組織の目的や意図などのインプットを，さまざまなプログラムやその過程（スループット）を通じて調和させ，個人と組織それぞれにとってよい結果（アウトプット）をもたらすように導く必要がある。

　このモデルを経時的に示したものが，図2-2である（Schein, 1978）。現実には，組織の側の変容（設立，発展や衰退）という要素も個人のキャリアの展開に影響を与えるが，いずれにせよ，こうしたデザインを基底に据えて，メンバーの職能開発に取り組むことが，企業だけでなく教育，保育，福祉の組織にも求められる。

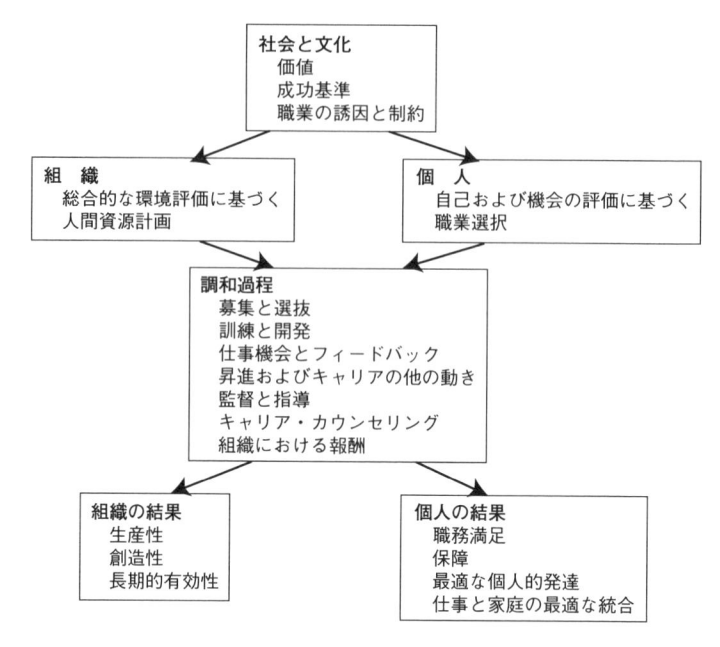

```
                    ┌─────────────────────┐
                    │  社会と文化          │
                    │    価値              │
                    │    成功基準          │
                    │    職業の誘因と制約  │
                    └─────────────────────┘
                       ↙              ↘
  ┌─────────────────────┐        ┌─────────────────────┐
  │  組 織              │        │  個 人              │
  │    総合的な環境評価 │        │    自己および機会の │
  │    に基づく人間資源 │        │    評価に基づく     │
  │    計画             │        │    職業選択         │
  └─────────────────────┘        └─────────────────────┘
                       ↘              ↙
                    ┌─────────────────────────┐
                    │  調和過程               │
                    │    募集と選抜           │
                    │    訓練と開発           │
                    │    仕事機会とフィードバック│
                    │    昇進およびキャリアの  │
                    │    他の動き             │
                    │    監督と指導           │
                    │    キャリア・カウンセリング│
                    │    組織における報酬     │
                    └─────────────────────────┘
                       ↙              ↘
  ┌─────────────────────┐        ┌─────────────────────┐
  │  組織の結果         │        │  個人の結果         │
  │    生産性           │        │    職務満足         │
  │    創造性           │        │    保障             │
  │    長期的有効性     │        │    最適な個人的発達 │
  │                     │        │    仕事と家庭の最適 │
  │                     │        │    な統合           │
  └─────────────────────┘        └─────────────────────┘
```

図2-1　人間資源の計画と開発：基本モデル（Schein, 1978）

　保育士の成長は，保育所の成長との相乗効果のもとになければならないだろう。しかし保育士の職能成長のシステムのあり方は，現状としては保育士の成長にのみ焦点化し，結果としての保育所の成長を，予定調和的に見込んでいるのみである。保育実践の質は，個々の保育士の側の努力に過剰に依存しているといえる。

2．保育所におけるキャリア開発プログラム

　ここで保育所のキャリア開発プログラムの策定について，上田（2004）の議論を参照しながらより具体的に考えておこう。
　キャリア開発のプログラムに組み込んでいく要素として，次のようなものがあげられる（上田，2004）。
　①個人（本人）の自己評価，自己予測，将来希望の意思表明
　②組織としての個人の将来性予測・評価
　③個人の意思と組織の意思のすり合わせ

2章 ● 保育士のキャリア開発を支援する

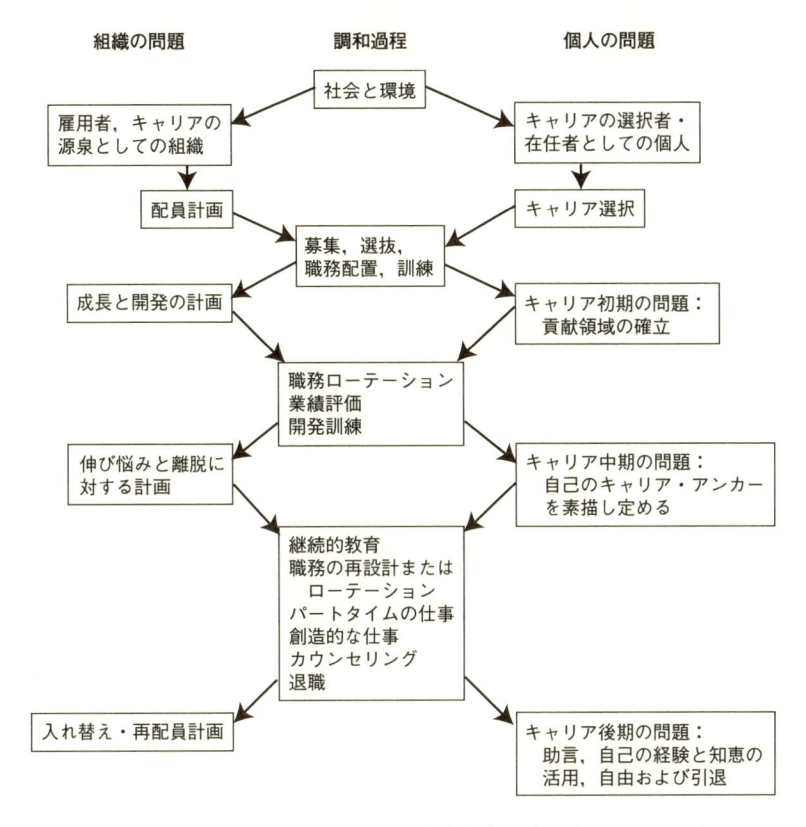

```
    組織の問題           調和過程            個人の問題
                       ┌─────────┐
                       │ 社会と環境 │
                       └─────────┘
  ┌──────────┐                        ┌──────────────┐
  │雇用者,キャリアの│                  │キャリアの選択者・│
  │源泉としての組織│                    │在任者としての個人│
  └──────────┘                        └──────────────┘
       │                                      │
  ┌────────┐                            ┌──────────┐
  │ 配員計画 │                           │ キャリア選択 │
  └────────┘                            └──────────┘
              ┌─────────────┐
              │  募集、選抜、    │
              │職務配置、訓練   │
              └─────────────┘
  ┌──────────┐                        ┌──────────────┐
  │成長と開発の計画│                    │キャリア初期の問題:│
  └──────────┘                        │貢献領域の確立 │
                                      └──────────────┘
              ┌─────────────┐
              │職務ローテーション│
              │業績評価        │
              │開発訓練        │
              └─────────────┘
  ┌──────────┐                        ┌──────────────┐
  │伸び悩みと離脱に│                    │キャリア中期の問題:│
  │対する計画   │                      │自己のキャリア・アンカー│
  └──────────┘                        │を素描し定める │
                                      └──────────────┘
              ┌─────────────┐
              │継続的教育      │
              │職務の再設計または│
              │ローテーション   │
              │パートタイムの仕事│
              │創造的な仕事    │
              │カウンセリング   │
              │退職           │
              └─────────────┘
  ┌──────────────┐                  ┌──────────────┐
  │入れ替え・再配員計画│                │キャリア後期の問題:│
  └──────────────┘                  │助言、自己の経験と知恵の│
                                      │活用、自由および引退│
                                      └──────────────┘
```

図 2-2　人間資源の計画と開発：経時的発達モデル（Schein, 1978）

④個人の意思の配置への反映

⑤個人が自己キャリアを模索する・考えることを直接支援する施策

　これらを保育所のプログラムとして策定していくなら，どのようなものになるだろうか。

　①については，まず保育士自身が，自分の将来について具体的に考え，表明していくことになる。簡便な共通のフォーマットを利用して，まずは現時点での自らの仕事の状況を評価することになる。項目チェックとより大きな枠組みでの文章化などが有用であろう。また暫定的であってもよいので（暫定的なものでしかないかもしれない）自己予測を立てることである。そして将来の希望を明らかにしていく。こうした過程は，キャリア・アンカーを探索する過程で

もある。自分が何に価値をより感じ，また自分の力を発揮し，高めることができそうかを考えていく一つの重要なステップである。たとえば，乳児の保育を中心に保育実践に携わっていきたい，絵本の読み聞かせを生かした保育を自分の特長として実践に携わっていきたい，特別な支援を必要とする子どもに寄り添っていきたい，子育て支援の専門家になって地域の役に立ちたい，あるいは，すべてを一通り理解して，管理的な立場で園全体の経営に携わりたい，またある特定の保育のテーマについて深く研究していきたい，などさまざまであろう。人生設計との兼ね合いで，5年間一生懸命働いて保育がある程度見えたらリタイアして別のキャリアを模索する，といったこともあるだろう。

　しかしそれらはあくまで自己評価である。②として，保育所のニーズや保育所から見た保育士の評価を明確にしなければならない。そして③として，保育士個人の意思と保育所の意思を照らしあわせていかなければならない。その際，あくまで「すり合わせ」だということに留意したい。保育士と保育所のどちらの見立てが重視されるかは，ケース・バイ・ケースである。保育士自身の希望が乳児の保育に限定されていても，保育所長や主任は，職員会議の様子などから，将来リーダー的な保育士になってくれることを期待するかもしれない。ただ重要なことは，保育士自身が理解し，納得する形で，④の配置がなされることである。この意味でもすり合わせが十分に開かれたコミュニケーションのもとに行なわれることが大切である。

　また，保育士自身の自己評価も人生の状況も，あるいは保育所の組織としての状況や環境が絶えず変化することを忘れてはならない。したがって保育士は⑤でいうような模索を続けていくことになる。このことを保育所として支援する，具体的にはキャリア・カウンセリングの機会を設けるなどの支援が必要である。保育所も並行して，人事などについて計画や実施のあり方の見直しを継続していかなければならない。

　こうしたプロセスのすべてにおいて，キャリア・アンカーを常に顧慮し，キャリア開発において，保育士個人と保育所の双方のよりどころとしていくことが有効であろう。

3. 保育所の価値の向上へ

　2008年3月に保育所保育指針が改定され（2009年4月施行），研修による保育の質の向上に加えて，その具体的な手立てとしての保育士個人および保育所の組織的な自己評価が努力義務として課された。

　企業のように，目に見える利益を高めるという明確で具体的な動機づけが存在する場合に比べ，保育では（教育や福祉も同様だが）目的があいまいになりやすい。また子どもの最善の利益とそれを導く保育の質の向上といった目的は，すぐれて倫理的な問題であり，目に見えない価値の問題となる。したがって保育所は，企業のように実利を高めるというよりも，価値を高めるという発想が必要であろう。保育所の価値を高めるためには，その実践に直接携わっている保育士の専門家としての成長が欠かせない。

　保育所や幼稚園は半数が私立であり，その多くが実質的には個人経営に近い。したがって，創意に満ちた保育が存分に展開される可能性を秘めているが，一方で，独善的なリーダーシップに陥ってしまうことが危惧される。どの保育所や幼稚園に行こうとも，すべての就学前の子どもに最善の育ちが保障されるためには，保育所が市場価値ではなく，保育そのものの実践価値を高めることを重視する必要がある。

●●● 引用・参考文献

秋田喜代美　2000　保育者のライフステージと危機―ステージモデルから読み解く専門性―　発達, 83, 48-52.

Schein, E. H.　1978　*Career dynamics: Matching individual and organizational needs.* Massachusetts: Addison-Wesley Publishing Company.　三村敏子・三善勝代（訳）1991　キャリア・ダイナミクス　白桃書房

Super, D. E.　1980　A Life-span, life-space approach to career development. *Journal of Vocational Behavior,* 16, 282-298.

上田　敬　2004　組織内でのキャリア開発支援　横山哲夫（編）キャリア開発／キャリア・カウンセリング―個人と組織の共生を目指して―　生産性出版　Pp.185-250.

Vander Ven, K.　1988　Pathways to professional effectiveness for early childhood educators. In B. Spodek, O. N. Saracho & D. Peters (Eds.), *Professionalism and the early childhood practitioner.* New York: Teachers College Press.

矢藤誠慈郎（研究代表者）　2008　保育者のキャリア発達プログラムの開発に関する研究　平成 17-19 年度日本学術振興会科学研究費補助金基盤研究（C）　研究成果報告書
全国保育士養成協議会専門委員会　2006　保育士養成システムのパラダイム転換―新たな専門職像の視点から―　保育士養成資料集，44.

3章 教師の力量形成に資する教員評価制度

●●● 諏訪英広

　本章は，教員評価制度の導入が教員の力量形成に及ぼす影響について検討することを目的としている。教員評価制度は，教師の力量形成あるいは資質能力の向上を一つの大きな目的として全国の都道府県および政令指定都市において導入されてきている。この制度が，所期の目的を達成しているのか否かについて理論的および実証的に検討したい。また，その結果をふまえて，教師の力量形成に資する教員評価制度のあり方についての課題と展望を述べる。

1節　教員評価制度の概要

1. 教員評価制度導入の経緯

　学校は，学力保障や人間的成長の支援といった機能を発揮しつつ，時代の大きな変化や新たな期待に対応することが強く求められている。学校が社会の期待にこたえ，信頼を獲得するために，教師は教職に意欲をもち，資質能力のいっそうの向上を図りながら，学校運営に積極的に参画していくことが重要となる。この目的を達成するための一つの有力な仕組みが教員評価制度（以下，本制度）であり，その大きなねらいとして「教員の資質能力および意欲の向上」「学校組織の活性化」「教員の人事管理」が設定される。

　わが国においては，「勤務評定」という制度は1950年代より存在していた。しかしながら，制度の内実や仕組み（目的，評定者，評価項目・要素，評価方法，評定結果の活用等）に課題が多く，かつ，職員団体との関係から実質的に機能せず形骸化したものであった。そこで，「評価に基づく改善」という時代

の趨勢のなかで，先に示したねらいを達成し，学校の活性化・改善および適切な人事管理に反映させるために本制度が導入されたのである。

　制度の導入の契機となったのは，「教育を変える17の提案」（教育改革国民会議報告：2000年12月）において，「教員の意欲や努力が報われ評価される体制をつくる」が示されたことである。文部科学省は，この提案を受けて，2001年1月に，「21世紀教育新生プラン」として，優秀教員表彰制度，指導力不足教員への対応，教職経験10年研修制度等の「評価」に基づく教員政策を発表した。そして，2001年に「指導力不足教員に関する人事管理」を，2002年に「優秀な教員に対する表彰制度等に関する調査研究」を全国の都道府県および政令指定都市に委嘱した。また，2002年2月には中央教育審議会答申「今後の教員免許制度の在り方について」のなかで，教員評価制度の必要性が提言され，同年6月には，経済財政諮問会議は「経済財政運営と構造改革に関する基本方針2002」において，文部科学省に教員評価制度の早期の導入を提言した。同提言を受けて，文部科学省は，2003年に「教員の評価システムの改善に関する調査研究」を全国の都道府県および政令指定都市に委嘱した。

　このような国レベルの動向を見越したかのように，いち早く教員評価制度を導入したのが東京都である。東京都は，1995年から管理職を対象として，さらに，2000年から全教員を対象として，「自己申告制度」と「業績評価制度」からなる能力開発型の人事評価制度を導入した。この改革においては，勤務評定において欠落していた人事管理・人材育成上の諸問題の改善が企図されていた。東京都を先駆けとして，その後，大阪府，神奈川県，広島県をはじめとした全国的な導入が一気に進んだ。

2．制度の概要――A県を事例として

　本制度の概要について，一般的事例といえるA県を取り上げて概説する。

　A県では，200X年度より「新たな人事評価制度」をスタートさせた。本制度の目的は，「教職員の勤務状況を適正に評価することにより，教職員の意欲や資質の向上，学校教育への信頼性や満足度を高めること」であり，「自己申告による目標管理」と従来の勤務評定を見直した「勤務評定」の2本柱から構成される。前者の目的は，「教職員自身が，学校経営目標に基づいて自己の目

標を設定し，その達成度を自ら評価することによって，教職員の業務に対する意欲や自主性の向上，使命感の高揚，能力開発を図るとともに，学校教育目標の着実な達成を図ること」であり，教職員はPDCAサイクル（Plan-Do-Check-Action；詳しくは12章を参照）に沿って職務を遂行することが求められている。目標設定（基準日：4月1日）と中間申告（同：11月1日）においては校長等との面談が義務づけられ，最終申告（同：3月1日）においては，校長等が「授業観察」や「勤務評定」をふまえて，「指導・助言欄」に記入する。後者については，「前者をふまえて，能力・実績・意欲をより的確に把握・評価することにより，職務遂行意欲の高揚，能力開発，適材適所の配置等を進めるための人事上の資料として活用すること」を目的としている。評価項目および評価要素については，教員の場合，評価項目は，「学習指導」「生徒指導等」「学級経営・その他」からなり，各項目は，「能力」「実績」「意欲」の評価要素に分かれる。さらに，各要素は，「知識・技能」「達成力」「指導力」「企画・計画力」などの着眼点から評価される。評定者は，一次評定者が教頭，二次評定者が校長である。評定基準日は12月1日であり，総合評定における絶対評価（S・A・B・C・D）と相対評価（S〔0～10%〕・A〔10～30%〕・B〔約50%〕・C〔約20%〕・D〔0～5%〕）は校長が行なう。なお，2009年度から，評定結果を給与等処遇に反映させる予定である。

2節　目標管理と勤務評定

1．目標管理に関する検討

　本節では，高谷（2008），勝野（2004）をはじめとする本制度に関する理論的・実践的な議論をふまえて，本制度の主要な評価手法である目標管理と勤務評定に関する検討を行なう。

　A県の事例でも述べたように，目標管理とは，教師自身が，学校経営目標に基づいて自己の目標を設定し，その達成度を自ら評価することによって，職務に対する意欲・主体性・使命感を高め，力量を向上させるとともに，学校経営目標の達成を図る経営手法である。校長の経営目標，すなわち組織目標と各組織・部署・教科・学年・学級の目標が一貫性を有し，不断のPDCAサイク

ルによって組織目標が達成されるという理念がある。ここには，教師の個人目標と組織目標との関係性をどのように考えるのかという重要な論点がある。目標のもつ意味と機能について，組織リーダーである校長のトップダウン的な統制性の色彩が強い場合，教師の自律性は弱まり，逆に，教師のボトムアップ的な自律性の色彩が強い場合，組織目標の統制性は弱まる傾向がある。極端なトップダウン，ボトムアップの側面が強いと，適切な組織および個人目標とはなり得ない。奥野（2004）が指摘するように，トップダウンとボトムアップをつなぐ機能として，コミュニケーションが重要となる。本制度の文脈に即すと，学校経営目標に関する校長の丁寧な説明（可能ならば，全教職員による学校経営目標に関する議論），目標設定時の面談・情報交換，目標達成に向けた実践中の指導・助言，目標修正の際の面談・情報交換，評価のフィードバック等がコミュニケーションの具体的内容である。コミュニケーションをとおして，個々の教師は，個人目標と組織目標の関連性を深く理解し，「意味ある目標」を実感できる可能性が高まるであろう。

　このように目標管理に関しては，組織目標と個人目標の統合が大きな課題となるわけだが，課題はそれだけではない。高谷（2008）は，現行の目標管理においては，企業等とは異なる教師の職務の特質（不確実性と無境界性）に適合しない方法が採用されており，教師の人事評価としての妥当性を欠いていると指摘する。たとえば，多くの自治体において数値目標の設定を強く求めているが，数値によって教育成果を測定できるものもあるかもしれないが，不確実性が高い教師の職務や学校の特質を考えると基本的に数値化はなじまない。また，教師は一人で職務を遂行する場面が多いが，それ以上に同僚と協働する場面が多く，職務の境界性が明確ではない。したがって，同僚との関係を捨象した個人目標の設定が強く求められることは，教師にとって大きな葛藤を引き起こす可能性がある。

2．勤務評定に関する検討

　次に，勤務評定に関する検討を行なう。勤務評定に関する論点は，評価項目・要素，評価の客観性・信頼性，評定結果の給与等処遇への反映などである。多くの場合，評価項目・要素は当該自治体が掲げる「求める教員像」を受けて

設定されるため，おのずと総花的なものとなる。確かに教員はオールラウンドな力量を身につける必要がある。しかし，すべての職務内容が評価の対象となることは，教師の特長や持ち味の発揮・向上を抑制することにつながりかねない。評価のまなざしを常に受けた状況のなかで職務を遂行する教師の心理的ストレスも危惧される。また，勤務評定の客観性・信頼性について疑念や不信の声が少なくない。全教員共通の評価項目・要素・指標に基づいて評定を実施する校長の評定能力の担保が最大の課題となる。

　一般に，評価者の原則として，事実評価の原則（想像や推測ではなく，職務行動等の事実を評価），評価期間の原則（過去の実績などにとらわれず，評価期間内の職務遂行状況を評価），独立評価の原則（厳正な態度を堅持し，第三者の言動に影響を受けない評価），評価範囲の原則（性格，信条，好き嫌い，偏見等の職務遂行に直接関係のない事柄は評価の対象外），平等の原則（年齢，職位，性別，経歴等の個人的な属性等の影響を受けない評価）がある。つまり，評価者には偏見や個人的好み等に影響を受けない高潔かつ真摯な評価態度が強く求められる。校長自身が自信をもって評定するためには，量的・質的に豊かな情報の収集が重要となる。そのために，校長は，フォーマルな個人面談だけではなく日常的な会話や情報交換，授業観察および観察後の情報交換，教頭・主任層・その他の同僚教師・保護者・子どもからのフォーマル・インフォーマルな情報収集を日常的に実施しなければならない。このとき留意したいのは，評定のみを目的とした情報交換・収集であってはならないということである。評定される教師は，校長に対しては，結果のみを評定するのではなく，教師自身の教育・実践観・思い・悩みに耳を傾け，実践プロセスをしっかりと見て，評価に関係なく指導・助言を与えてくれるようなサポーティブな姿勢を求めていると思われる。

　仮に，教師にとって本制度の意義とねらいが真に意味あるものとして受け止められていない状況があるとするならば，自治体は本制度の正当性・信頼性を高めるために，評定者研修に力を入れるといったことと合わせて，教師の思いやニーズを反映させた制度や運用方法となるよう本制度を再設計する必要があるだろう。

　また，「意欲と努力に報いる報酬システム」という理由によって評定結果を

給与等処遇に反映させている，あるいは検討を始めている自治体が増えてきている。このような評定結果の利用法が個々の教師や教師集団にとってよい影響を及ぼすのか否かについても慎重に検討しなければならない。

3節　教員評価制度に対する教師の意識

1. 制度に対する教師の意識の経年比較

　実際に本制度を教師はどのように感じているのだろうか。筆者はA県の小中高の教師を対象として，導入初年（2003年：回答者364名）と導入5年後（2008年：回答者499名）に意識調査を実施した（諏訪，2008，両調査の回答者は異なる）。

　両調査の共通5項目に対する肯定的回答の変化は次のとおりである。「教員評価に対して好意的である」：19.9%→12.2%，「教員評価は，教員の職務に対する「意欲」を向上させる」：20.1%→15.8%，「教員評価は，教員の「専門的力量」を向上させる」：37.8%→23.3%，「教員評価は，教員集団の協働意識を強める」：8.2%→9.1%，「教員評価は，学校改善に結びつく」：32.0%→23.8%。本制度に対する全体評価「好意的である」の肯定的回答が約2割から1割に低下している。2割そのものが低率であるといえるが，導入後5年経過しても，本制度が教師にとって肯定的に受け入れられていないばかりか，その支持率はますます低下している状況がある。本章の主題である教師の力量形成に関しては，導入当初37.8%と「制度そのものには決して好意的ではないものの，力量形成につながる期待はある」と一定程度評価する教員はいたが，その層もやや減少している。

2. 目標管理と勤務評定に対する意識の比較

　先述したように本制度は目標管理と勤務評定から構成されているが，先行研究および筆者の教師へのインタビューによれば，目標管理と勤務評定で教師のとらえ方が異なっている可能性がある。そこで，2008年の調査では，目標管理と勤務評定についてそれぞれの教師の意識を調査した。結果を示したものが表3-1である。

表 3-1 「自己申告による目標管理」および「勤務評定」に対する意識と差異
(諏訪, 2008)

	目標管理 (a)	勤務評定 (b)	(a)-(b)
自己を冷静に見つめ直す意識を高める	56.8%	31.6%	25.2%
学校改善に結びつく	36.9%	20.7%	16.2%
学校組織の一員としての意識を高める	32.4%	16.5%	15.9%
教員の「専門的力量」を向上させる	27.2%	20.6%	6.6%
校長の評価力を信頼できる	26.4%	18.5%	7.9%
教員の職務に対する「意欲」を向上させる	22.6%	17.3%	5.3%
好意的である	19.3%	12.7%	6.6%
公正性・客観性が保証されている	16.2%	11.0%	5.2%
(評価)結果と経済的待遇(給与等)の連動に賛成だ	14.8%	15.7%	-0.9%
教員集団の協働関係を強める	10.0%	7.5%	2.5%

注)表中の比率は，各項目に対する肯定的評価(「そう思う＋とてもそう思う」)の比率と両評価の比率の差であり，目標管理の比率の高い順に並べている。

　目標管理についてみると，「好意的である」という全体評価については，肯定的回答が 19.3％と 2 割弱にとどまっている。制度設計者が企図する本制度がもたらす効果や運用実態等についての教師の意識をみると，「自己を冷静に見つめ直す意識を高める」が 56.8％と最も高く，「学校改善に結びつく (36.9％)」「学校組織の一員としての意識を高める (32.4％)」が続く。「教員の「専門的力量」を向上させる」は 27.2％である。一方で，「公正性・客観性が保証されている (16.2％)」「(評価)結果と経済的待遇(給与等)の連動に賛成だ (14.8％)」「教員集団の協働関係を強める (10.0％)」は 10％台となっている。

　勤務評定については，「自己を冷静に見つめ直す意識を高める」が 31.6％，「教員の「専門的力量」を向上させる」が 20.6％となっている。目標管理との比較という観点からみると，1 項目を除いたすべての項目において，目標管理よりも肯定的評価が低い。差の大きさを比較すると，「自己を冷静に見つめ直す意識を高める」において最も大きな差 (25.3％)があり，「学校改善に結びつく」が続く (16.3％)。両評価のねらいや目的はまったく同じというわけではないものの，総じて，勤務評定より目標管理のほうに肯定的な評価がなされている。つまり，本制度の成果と課題を考察するうえでは，両評価を分けて考

える必要があり，特に，目標管理が教師の力量形成に資する可能性は十分にあると思われる。このことは，古賀ら（2008）のA県の教師を対象に実施した質問紙調査の結果にも表われており，「目標設定時に数値化等の検証可能性に留意する教員ほど資質能力が向上したと考えている」「授業観察の満足度が高い教員ほど資質能力が向上したと考えている」「中間自己評価時における校長との面談が自己目標達成に効果的であると感じるほど資質能力が向上したと考えている」といった結果が得られている。

4節　教師の力量形成に資する教員評価制度のあり方

　教師の力量形成に関する研究では，「自らの実践そのもの」「優れた教員や同僚・管理職との出会い」「校内外の自主的研修会」が力量形成に対する重要な影響要因であることが指摘されてきた（山崎，2002；諏訪，2003）。これらの知見は，教師は，子どもとのかかわりそのもの，優れた先輩・同僚・管理職等の「意味ある他者」との出会いやかかわり，フォーマル・インフォーマルな研修機会によって力量を向上させる存在であることを示す。そして，力量を向上させる教員とは，能動的・自律的・共同的・省察的な学習者といえるだろう。

　本節では，教師の力量形成のポイントを上記のように理解したうえで，力量形成に資する本制度のあり方を検討し，課題と展望を提示する。その際，前節で紹介した筆者による実態調査における自由記述と断続的に実施している教員と校長に対するインタビュー調査の結果を紹介したい。

1. 目標管理のあり方

　前節で述べたように，本制度においては，特に目標管理が力量形成に資する可能性が高い。教師が目標管理の課題や改善点を具体的に語ることは，そこに一部でも期待や可能性が存在するからだといえるだろう。多くの教師が「目標の数値化の意味と困難さ」「目標の共同策定および共有化」「申告書作成による多忙化」「管理職との関係性」を指摘する。目標管理を効果あるものとするためには，個人目標を主体的・自律的に設定し，学校経営および他部署等の組織目標との有機的な連関を自覚できることが重要となる。これは「管理職との関

係性」に大きく関係する。つまり，個々の教師が自身の成長・発達課題を評価者たる管理職と共有することによって，当該年度あるいは中間申告までの職務に安心かつ自信をもって取り組み，自己の成長を省察・熟考することが可能となる。管理職には，教師を「育てる」という意識を強く有し，教師の立場に寄り添いながら授業観察の前後における的確なアドバイスを行ない，また日常的なコミュニケーションを図ることが求められる。

　「申告書作成による多忙化」「目標の数値化の意味と困難さ」については，管理職は，教師が自身の持ち味や成長・発達課題に焦点を当てて目標設定できるような書類作成の簡素化や重点化および数値設定箇所の指定等の具体的なサポートを提供することが重要である。教師自身の関心や職務遂行状況の変化，子どもや学級の実態の変化，職場・保護者・地域等の環境の変化等をふまえて，年度当初に設定した個人目標を中間申告時（場合によってはそれ以前）に変更・修正することは，教職の特性およびPDCAサイクルの重要性に鑑みて重要である。その際，管理職は当該教員について深く理解しているか否か，つまり，「評価者としての力量」が問われることになる。

　ある小学校教師は「制度の導入前は反対でしたが，いざ始まると，自己をふり返り，教員として自分はどうなりたいのかを明確に意識することができ，授業観察や面談だけでなく日頃から校長先生とお話する機会が増えることによって，教員としてあるいは組織人として自分に期待されていることを知ることができたので，いまでは，（目標管理に対して）印象がよくなりました」と自身の変容を語った。実は，この教師の勤務校の管理職（校長，教頭）も，「自分たちの学校の先生には教員として立派に成長してほしい。それが子どもの幸せにもつながる。（目標管理は）先生方と同じ話題について直接お話ししたり，授業を観たり，管理職としての思いを一人ひとりの先生の目を見て伝え，先生方に意見も言ってもらえる貴重な機会を提供してくれた」と異口同音に答えた。

　目標管理が成果評価の手法であることは事実だが，性急かつ目に見える成果，あるいはあまりに個人化された成果を求めすぎると，教師個人の精神的ストレスの悪化や協働性・同僚性の喪失による教師集団の脆弱化を招く。教師が「目標の共同策定および共有化」を求める背景には，そのような協働性・同僚性を重視し，学校という組織は子どもや教師が決して己の力のみで育つのではなく，

2. 勤務評定のあり方

　勤務評定については，教師の力量形成の役割が部分的には求められているが，基本的には人事管理のための業績評価という性格が強い。それゆえか，教師からは「評定結果の非開示による不安・不満」「評定結果と給与等処遇への反映の弊害」「評定者としての管理職への不信」「評定基準の不明確さ」「多角的評定の必要性」といった指摘がなされる。目標管理とは異なり，評定プロセスや結果について管理職が情報を提供することはほとんどない。それと管理職との信頼関係の程度が相まって，教員は不信・不安感を強める。また，多くの自治体で導入ないしは具体的検討が開始されている給与等処遇への反映の問題に大きな危機感を抱く教師が多い。教師の力量形成に関していえば，多くの教師にとって，子どもや教師自身の成長・発達や他者からの承認や賞賛が職務上のモチベーションを高める。そう考えると，「教師の意欲ややる気を高め，努力や成果に報いる」ためのシステムとして，一定程度の評価を得た教師に対しては，経済的報酬だけでなく，上級・優秀教員認定，研修機会（長期，大学院，海外等）の提供，教材・研修費の支出，勤務校・学級の希望といった多様な報酬の選択肢を用意する必要があると思われる。

　各自治体においては，本制度の目的やねらいを教師の力量形成や職務環境の向上に位置づけたうえで，教師が意義を感じ，かつ，子どもにとって最善の利益を生み出すシステムとなり得る制度設計および運用方法の検討を期待したい。

●●● 引用・参考文献

勝野正章　2004　教員評価の理念と政策　エイデル研究所
古賀一博・市田敏之・酒井研作・藤村祐子・藤本　駿　2008　「能力開発型」教職員人事評価制度の効果的運用とその改善点—広島県内公立学校教員アンケート調査の分析を通して—　日本教育経営学会紀要，50, 65-80.
奥野明子　2004　目標管理のコンティンジェンシー・アプローチ　白桃書房
諏訪英広　2003　現代教員の教職生活に関する調査研究（3）—四国4県の小中学校教員の比較—　山陽学園短期大学紀要，34, 15-27.
諏訪英広　2008　教員評価に関する調査研究—経年比較を中心に—　日本教育経営学

会第48回大会自由研究発表資料
高谷哲也　2008　教員評価問題の特徴と方法論上の課題　現代思想，4月号，178-192.
山崎準二　2002　教員のライフコース研究　創風社

4章 スクールリーダー教育の基本原理を探る

●●● 金川舞貴子

　近年，わが国においては，自主的・自律的な学校経営を担うスクールリーダーの教育が注目されている。たとえば，教職大学院をはじめ，スクールリーダー養成を目的とした大学院の専攻・コース等が設置されたのはその一例である。教職員がマネジメントの力量を身につけ学校づくりを担うことができるようになるためには，どのようなスクールリーダー教育を展開したらよいのか。そもそもスクールリーダーの力量とは何か。これらはわが国の教育界における焦眉の課題である。そこで本章では，スクールリーダー教育の基本原理を探っていく。

1節　スクールリーダーとは何か

1.「スクールリーダー」の定義

　現在，「スクールリーダー」という用語はさまざまな意味で用いられているが，狭義・広義・最広義の3つに整理することができる（大脇，2006）。
　2006年7月の中央教育審議会答申「今後の教員養成・免許制度の在り方について」では，地域や学校における指導的役割を果たし得る中核的中堅教員を指して，スクールリーダーとよんでいる。これは広義の定義であり，「学校づくりの中核を担う教職員」として主任や事務長などが含まれる。
　狭義の定義では，校長・教頭といった学校管理職に限定される。校長は学校の最高責任者である。その職務権限は学校教育法に「校長は，校務をつかさどり，所属職員を監督する」（第37条第4項）と規定されており，校務を処理す

る権限と責任を有している。

最広義の定義では，校長・教頭，主任や事務長に加え，教育行政職である教育長・指導主事も含まれる。

以下では，狭義のスクールリーダーをめざしていくことを念頭において，スクールリーダー教育のあり方を考えていきたい。

2. スクールリーダー（校長）の役割の変容

スクールリーダー教育を考えるにあたり，まず，今日のわが国の教育改革動向をおさえ，スクールリーダー（校長）にはどのような役割が求められるようになったのかをみていこう。

これまで校長は「組織管理者」と「教育者」としての役割が強調されてきた。前者は法律や規則に定められた事柄を正しく遂行する校長，後者は児童・生徒や教職員に対する教育上の指導・助言を行なう校長である。しかし，1990年代後半以降，学校を取り巻く状況は急激に変化し，学校経営のあり方は大きく転換する。それに伴う，校長の役割も新たな局面を迎えている。

今日の教育改革の大きな柱は，地方分権・規制緩和に伴う「学校の自主性・自律性」の確立である。1998年の中教審答申「今後の地方教育行政の在り方について」以降，人・物・金・教育内容に関する学校の裁量権限の拡大，それに伴う学校のアカウンタビリティ（説明責任）の明確化を推進する制度改革が矢継ぎ早に進められてきた。たとえば，教師の「公募制」や「フリーエージェント制」，学校の企画や提案に基づく予算配分や使途を特定しない裁量的経費の措置などを行なう自治体が増えてきている。また，学校評議員制度や学校評価システムの導入など，学校の教育活動とその成果を学校内外に示す機会が急速に整備されている。

こうしたなか，自主的・自律的学校経営を担う校長は，規則に定められた事柄やルーティン化した職務を処理し現状を維持する「組織管理者」としての役割を果たすだけではその職責を十分に果たしたとはいえない。創意工夫を凝らした独自の学校づくりを展開するために，学校組織のリーダーとして，「子どもにこんな力をつけたい」「こんな学校をつくりたい」という教育理念やビジョンを明確に打ち出し，学校内外の資源をうまく開発・活用したりすること

で，学校の使命を遂行していく「経営者」であることが求められている。これからの校長には，組織管理者・教育者・経営者という3つの側面が必要なのである。

ただし，校長が教授学習活動を中核とする教育組織のリーダーであることに鑑み，児童・生徒への教育指導と教職員の人材育成に資する「教育者」の側面，つまり，教育的リーダーシップが最も重要である点は強調しておきたい。

3. スクールリーダーに求められる力量

では，前述のような役割を担うスクールリーダー（校長）へと成長していくためには，どのような力量を形成する必要があるのだろうか。

スクールリーダーとしての力量のとらえ方は，その観点によってさまざまであり，スキル面からとらえたもの，企業経営論との比較でとらえたもの等がある（小島，2003）。なかでも一般的なのは，経営過程の観点からPlan-Do-See（または，Plan-Do-Check-Action）サイクルに対応した形で力量をとらえたものである。具体的には，表4-1のような力量が析出される。これらの経営的力量は，学校管理職に限らず，すべての教師がキャリアに応じて形成していくべき力量である。

その他に，職務内容の観点から，スクールリーダーとしての力量をとらえた

表4-1　経営過程の観点からとらえた経営的力量（岡東，1994）

企画能力	①教育目標，経営目標を設定する力，②人的・物的・財政的資源を組織化し，割り当て，企画する力，③企画に他の成員を参画させる力，④教育プログラムを開発する力
経営実践力	①意思決定とそれを実行する力，②問題解決力，③維持管理，安全・安定の基準を確保する力，④記録・資料を正確に保管すること
評価能力	①教育プログラムの評価能力，②教職員の職務遂行を評定する力，③自己の職務遂行を評定する力
調整能力	＜組織内＞ ①学校やその内部組織のポジティブな風土を醸成し，維持する力，②教職員，行政・研究機関との意思疎通を図る力，③教職員および児童生徒の問題状況，批判事項，関心事に対応する力 ＜対地域社会＞ ④教師と保護者とのコミュニケーションを促進する力，⑤学校の教育方針，行政施策，教育プログラム等に関し，地域社会と意思疎通を図る力，⑥学校の教育プログラムや教育活動に地域社会の参加を促す力

表 4-2　職務内容の観点からとらえた経営的力量（小島，2003）

	中分類	力量内容
組織の維持・管理	組織の維持と管理	教職員の服務監督，法規の理解と適用，施設・設備の管理，教育課程管理，事務・表簿の管理，児童生徒の健康・安全管理，教職員の評定
自律的学校経営の遂行	学校の危機管理	危機に対する対応，外部圧力に対する対応
	教育目標・計画の設定	ビジョンの提示，学校固有の目標，中期的な計画，教職員への伝達・説得，教育課程経営
	教職員の組織化・組織の効率的運用	教職員の効率的な配置，責任体制の整備，柔軟な指導組織の構築，職員会議の効率的運営，職員団体との折衝，組織の活性化
	人間関係調整	教職員の意思の把握，葛藤・対立の調整，教職員の動機づけ，教職員の積極的評価
	地域・家庭との連携構築	保護者への説明，要求の吸収，クレーム等への対処，対立調整，地域からの資源調達
	教育行政からの人的・財政的支援の調達	人事・予算へのはたらきかけ，人事・予算の確保
	学校評価の活用	学校評価
	人材育成と教育指導	研修の組織化，教職員への指導助言，児童生徒との関係づくり，授業実践を通した指導，学級経営・教科指導の指導

ものがある。表4-2は，学校の最高責任者である校長の職務に求められる力量を示したものである。

　このように，スクールリーダーに求められる力量は多様な観点からとらえられるため，誰を対象に，どのような目的で使用するかによって，適切なものを使い分けることが重要である。

2 節　スクールリーダー教育の基本原理

1．生涯学習の理念

　それでは次に，スクールリーダー教育の基本原理について考えていきたい。スクールリーダー教育は，生涯学習の理念をもとに，タテの系とヨコの系という観点からとらえる必要がある（岸本・久高，1986）。

（1）教職生涯を通じたスクールリーダー教育：タテの系

　タテの系とは，教職生涯を通じたスクールリーダー教育を指す。これまで「教育の仕事は教師の役割で，経営の仕事は管理職の役割だ」という固定観念

から，経営的力量の必要性は管理職に限定してとらえられがちであった。しかし，企画力や組織化能力，評価能力，調整能力といった経営的力量は管理職だけに必要とされるものではない（岡東，1994）。教師は，たとえ初任者であろうと受け持った学級や授業を経営しなければならない。そして，中堅教師になると学年経営や教科経営，各種委員会の経営において，さらには家庭・地域社会との関係で，こうした力量を発揮する必要がある。このように経営的力量は，初任者から中堅，管理職といった教職キャリアの連続性のなかで不断に高められるべきものである。

(2) スクールリーダー教育の機会のネットワーク化：ヨコの系

ヨコの系とは，スクールリーダー教育の機会のネットワーク化を指す。スクールリーダー教育の機会としては，学校での実践経験や先輩教師や校長による指導や影響といった学校現場でのOJT（On the Job Training），指導主事等の実務経験（OJT），教育委員会や教育センターによる行政研修や大学院教育（Off-JT：Off the Job Training）などがある。これらの機会がそれぞれ固有の役割を担い相互補完的につながることによって，スクールリーダー教育はより有効で充実したものになっていく。

たとえば，研究主任や教務主任として学校全体の企画を行ない，人を動かした実践経験は，後に校長としての財産になる。これは「実践による学習（learning by doing）」であり，身体的な知である暗黙知（勘やコツ，ノウハウ）を体得できる。経営やマネジメントの力量は，教育学や経営学等の体系だった知識や理論よりも，暗黙知がその主要な基礎である。ゆえに，OJTはスクールリーダー教育において中心的な位置を占める。

しかし，現場での実践経験だけではスクールリーダーに必要な経営的力量を形成するのに十分ではない。自主的・自律的な学校経営を行なっていくためには，自らのめざす学校像や教育方針を教職員や保護者・地域住民に説明し共通理解を得るなど，論理や客観的・理性的なことばがますます重要となってくる。こうした論理やことばについての力を身につけるために，大学院（Off-JT）の役割があらためて意味をもってくるのである。

2. 成人学習の原理

　スクールリーダー教育は，生涯学習の理念のもと，成人学習の原理に基づいて行なわれる必要がある。成人の学習は，経験の少ない子どもと異なり，これまでに蓄積してきた豊富な経験が重要な学習資源となる。職業生活上の自らの課題やニーズを出発点として，日々の実践をとおして試行錯誤を重ねながら学習を行なっていく「実践による学習」が基本である。そこでは，指導者主導の他律的な学習ではなく，学習者主体の自己主導的な学習が行なわれる。

　このように成人学習において経験や実践は非常に重要である。しかしながら，ここでいう経験とは，安易な経験主義とは異なる。安易な経験主義には次のような危険性が潜む。①「経験を反省して豊かにする機会に乏しい」，②「前例踏襲に陥りやすく，前例のない状況に対応できない」，③「創造的な発想や実践を生み出しにくい」（金川，2003）。創造的な経営実践や教育実践を生み出していくためには，単なる実体験としての経験の積み重ねではなく，自らの経験を再構築していく意識的な学習が必要である。

　こうした課題にこたえる成人学習モデルが，Kolb（1984）の「経験学習サイクルモデル」である。この学習モデルは「仮説生成－検証」の一連のサイクルを示しており，図4-1のように「具体的経験→省察的観察→抽象的概念化→能動的実験」というサイクルを螺旋的に展開していく。それにより，自らの暗黙の仮説となっているモノの見方や考え方の枠組み（学校観や生徒観，組織観など）を吟味し再構築する省察的思考（reflective thinking）を深め，新たな実践を探究し創造する力量を身につけていく。

　この経験学習サイクルモデルを学校経営の文脈に当てはめて考えてみよう。

・具体的経験：校務分掌組織を取り仕切ったり，学校方針や計画の策定にか

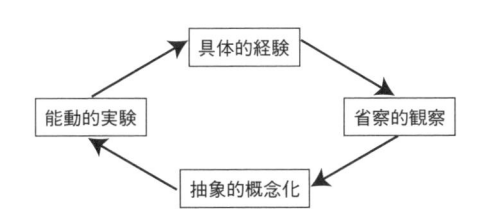

図 4-1　Kolb の経験学習サイクルモデル（Kolb, 1984 を一部修正）

かわったり，教職員へのアドバイスを行なったり，保護者や地域住民等との連携構築をしたりなど，学校経営の実践を行なう。
- 省察的観察：「自分は何をしたのか」を問いながら自らの具体的経験をふり返って観察する。そして，「なぜそれを行なったのか」「自分や集団のなかで何が起こっていたのか」「それが状況や教職員らにどのような影響を与えたのか」など，実践の意味やその背後にある価値を省察的に問う。ここでどれほど洞察のある気づきが得られるかが重要である。
- 抽象的概念化：省察的観察をもとに，具体的経験を広い視野からとらえて，いったいどういうことだったのかを言語化する。そして，自分自身の傾向，他者や状況の問題点を考え，新たに具体的経験をしていくうえでの仮説を立てる。省察的に観察した自らの具体的経験について，良い／悪いといった表面的な評価で終わらせるのではなく，次の具体的な行動目標の設定や計画につなげていく。
- 能動的実験：新たに立てた仮説をもとに具体的な取り組みを展開し，仮説を検証する。

こうした一連のプロセスを通じて，省察的思考力をもった反省的実践家（reflective practitioner）としてのスクールリーダーの力量を形成していくのである。

3. 社会的学習の原理

経験学習サイクルモデルで示された一連のプロセスは，学習者単独というよりも，職場集団で促進すべきものである。同僚らとの相互作用を通じて，一人では気づかなかったことに気づけたり，学習者自身の思いや価値が明確になったりするからである。ゆえに，スクールリーダー教育においては，チームまたは学校全体での協働を重視し，個人の力量形成を学校の組織開発と結びつけて考えることが重要である。つまり，スクールリーダー教育は社会的学習の原理をふまえる必要がある。

このことを具体的に示したのが図4-2である。経験学習サイクルを循環させるために，学校内部（職場）と学校外部とに適切な学習支援の場を設けている。
- 学校内部（職場）：スクールリーダーとしての力量を身につけようとする

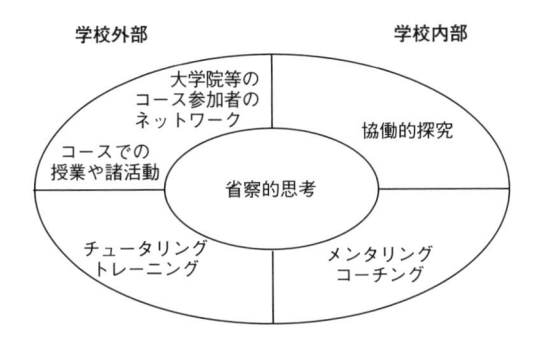

図4-2 社会的学習モデル（Reeves et al., 2002 を一部修正）

　学習者は，学校の抱える改善課題に同僚らと協働で取り組んだり（協働的探究），「メンタリングやコーチング」をとおして，暗黙の前提となる意味や枠組みを吟味する。メンタリングやコーチングはともに，学習者が自らの能力を発揮し，目標を達成することができるよう支援するものである。支援者のことをそれぞれメンター，コーチとよび，所属校の校長や同僚ら，大学のチューターがその役割を担う。メンター，コーチは学習者の実践を観察してフィードバックをしたり，実践についてさまざまな質問を投げかけることで学習者自身の理解を促したり，時には彼らが抱えている問題に対して実践的なアドバイスを行なったりする。
・学校外部：学習者は，大学院等の Off-JT の場において学習者どうしでネットワークを築いて情報交換を行なったり，新しい概念やアイデアを学んだり，大学院のチューターからアドバイスを受けたりする。大学院等の研修の場で個人が独自に学習しても，その成果が所属校に還元されない場合がある。これに対し社会的学習の原理は，学校内に学びあう文化を構築するという点でも有効である。

3 節　スクールリーダー教育の先進事例——スコットランドの校長職専門資格プログラムの「職務実践を基盤とした学習」

　2節で述べたスクールリーダー教育の基本原理を具体化した事例として，こ

こではスコットランドにおいて導入された校長職専門資格（SQH：Scottish Qualification for Headship）プログラムをみていきたい（1998年より試行され，2000年より完全実施されている）。これは，校長職志望者を対象にして約2年間にわたって実施されるプログラムである。その特徴は，学校現場で職務を遂行する機会を中核に据えた「職務実践を基盤とした学習（Work-Based Learning）」をプログラムの主要な学習形態としていることである。

校長職専門資格プログラムは，地域によって3つのコンソーシアムに分かれて運営されており，スコットランド教育省の提示したプログラム概要をもとにしつつも，各々の独自性を盛り込んだプログラム構成になっている。ここでは，ウエスタンコンソーシアムのプログラム構成を取り上げる。

表4-3 校長職専門資格プログラムの概要（Scottish Qualification for Headship Western Consortium, 2005を一部加筆修正）

ユニット	タイプ	主な学習内容	評価
ユニット1：教育的リーダーシップ（4か月）	直接指導／統制型学習／個別学習	・校長職スタンダードに照らして自己評価および省察 ・個人および組織レベルでの，根拠に基づく実践の開発 ・効果的なマネジメントと学習の向上を促進	・文脈に応じた自己評価，個人学習計画 ・360度調査と形成的フィードバックへの回答
ユニット2：改善能力の開発（4か月）	直接指導／統制型学習／個別学習	・効果的な変革マネジメント ・4つの経営機能（学習・教授，他者との連携・協働，学校計画と経営方針の開発，資源・財源の効果的活用） ・学校の現状分析と職務実践を基盤としたプロジェクトの立案	状況分析に基づき学習に戦略的焦点を絞った，職務実践を基盤とした全学的プロジェクトの立案
ユニット3：学習の改善を指揮し，マネジメントする（パート1）（8〜9か月）	職務実践を基盤としたプロジェクト／比較研究／個別学習／チュートリアル	・プロジェクトの実施・評価 ・プロジェクトの調整 ・人材マネジメントの面での比較研究報告	プロジェクトチームの初期形成の報告，調査と専門職的発達の成果に対する評価，比較調査の成果を含め，受講者自身の成長・発達に対する省察コメント文書
ユニット4：学習の改善を指揮し，マネジメントする（パート2）（9〜10か月）	職務実践を基盤としたプロジェクト／直接指導／チュートリアル	・プロジェクトを継続するなかでエビデンスを収集し統合 ・プロジェクトと学習の成果を省察的に分析	4つの機能すべてにおいて有能であることを証明し得るポートフォリオとコメント文書，360度調査，口頭でのプレゼンテーション

同コンソーシアムのプログラムは4つのユニットから構成されている（表4-3）。

ユニット1はプログラムの導入段階である。プログラムの受講者はスコットランド教育省によって開発された「校長職スタンダード（Standard for Headship)」（校長に求められる力量を体系的にリストアップしたもので，校長の資格認定や人材育成の評価基準となる）に照らして自己評価をし，自らの学習ニーズを明らかにする。

ユニット2では，個人の学習ニーズに即しながらも，所属校の組織開発に資するような「職務実践を基盤とした」プロジェクトを自ら設計する。プロジェクトの設計に際しては，学校の使命や目的，歴史等の文脈を把握したうえで，学校全体の改善という視点（whole-schoolness）が重要になる。たとえば，小学校低学年担当の受講者が基礎的計算力の導入に焦点を当てたプロジェクトを考えようとする場合，学校全体のカリキュラムとの関連から全学年の数学に関する方針を開発するようなプロジェクトを考えることである（Reeves et al., 2002）。

ユニット3・4では学校現場で同僚らとプロジェクトを実施し，学校経営実践を支える専門的価値，知識と理解，人間関係能力等の育成を行なう。そのことを通じて，校長職の実務的側面を経験するだけでなく，成果に対して責任をとるというトップリーダーに必要な構えをも醸成する。ユニット3・4では，先述の経験学習サイクルのなかでも特に「省察的観察」「抽象的概念化」を促すために，所属校の校長や同僚らからのメンタリングやコーチング，他校で実践経験を積んだ受講者との議論や対話，大学院のセミナー等の機会が重要となる。また，ビジネスや他の公的サービス組織におけるリーダーシップ，マネジメント実践と学校組織のそれとの比較研究を通じて，校長職を包括的にとらえる視点を養う。それをもとに，自らの校長像を洗練させ，校長職に就いてからの目標や具体的な活動計画へとつなげるのである。

4節　おわりに

スクールリーダーの仕事は複雑かつ不確実なものである。学校を取り巻く人々のもつさまざまな価値観や思いが葛藤し渦巻くなかで，ビジョンを設定し，

そこに向けて教職員を組織し実践していかなければならない。ゆえに，本章で述べたスクールリーダー教育で育成したいのは，反省的実践家としてのスクールリーダー（校長）である。すなわち，現時点の文脈で既存のシステムに則って効率よく職務遂行できるスクールリーダーではなく，変化する状況や文脈のなかで，「子どもにとって何が大切か」という視点から，必要に応じてシステムをつくり直したり新たに実践を創造したりするスクールリーダーである。そのためには，スクールリーダー教育において，学習者自身が自らの教育理念や価値観を問い直し再構築していく探究的な姿勢や構えをつくっていくことが重要である。

●●● 引用・参考文献

金川舞貴子　2003　大学院に対する否定的見解の内容とその批判的考察　小島弘道（編）　校長の資格・養成と大学院の役割　東信堂　Pp.235-246.

岸本幸次郎・久高喜行　1986　教師の力量形成　ぎょうせい

小島弘道（編）　2003　校長の資格・養成と大学院の役割　東信堂

Kolb, D. A.　1984　*Experiential Learning: Experience as the source of learning and development*. New Jersey: Prentice Hall.

水本徳明　2008　スクールリーダー教育の実践（12）—スクールリーダー教育の開発課題—　教職研修, 36（7），76-79.

岡東壽隆　1994　スクールリーダーとしての管理職　東洋館出版社

大脇康弘　2006　スクールリーダー教育の実践（1）—スクールリーダー教育の育成体制—　教職研修，34（8），124-127.

Reeves, J., Christine, F., O'Brien, J., Smith, P., & Tomlinson, H.　2002　*Performance Management in Education- Improving Practice-*. London: Paul Chapman Publishing.

Scottish Qualification for Headship Western Consortium　2005　The Western Consortium Programme Outline.

Schön, D. A.　1983　*The Reflective Practitioner: How Professionals Think in Action*. New York: Basic books.　柳沢昌一・三輪建二（監訳）　2007　省察的実践とは何か—プロフェッショナルの行為と思考—　鳳書房

Scottish Executive Education Department　2005　*Ambitious Excellent Schools: Standard for Headship*. Scottish Executive.

第II部

組織の理論

5章 学校経営のシナジェティックス

●●● 古賀野卓

　近年，目標管理による成果主義を進める学校経営のもとで，個人としての教師の力量が評価される動きが強まっている。教師の力量形成と資質能力向上を目的として始められたこうした動きは，教師間の相互信頼と協力を阻み，教師の孤立感・多忙感を生み出す原因ともなっている。シナジェティックスは，教師どうしが互いにつながりあいながら，いかに子どもたちと向きあっていけばよいか，そのヒントを与えてくれる。石田衣良の『5年3組リョウタ組』（石田，2008）も取り上げつつ，いま，なぜシナジェティックスなのかを探る。

1 節　シナジェティックスとは何か

1. 日常の営みのなかにあるシナジェティックス

　私たちは，常に人と人との関係性のなかに生きている。家族，友人関係，学級集団，教師どうしの関係も，みな人と人のつながりである。人と人が結びつきあい，なんらかの持続的な構造が形成されるとき，そこにシステムが誕生する。だが，システムをどのように維持したり展開していけばいいかについては，これまでも社会学や経営学の分野でさまざまなものの見方や考え方があった。ここで取り上げるシナジェティックス（synergetics）も，そういう人と人の関係性やシステムの目的にかかわる一つのとらえ方と思ってほしい。

　「シナジー（synergy）効果」というビジネス用語は，聞いたことがあるかもしれない。前ライブドア社長の堀江貴文氏が頻繁に用いていたことばだ。Oxford English Dictionary によると，「2つ以上の組織，物質，あるいは人間

の相互作用（interaction）や協働（cooperation）によって生み出される効果で，個別の価値の総和を越えるもの」とある。「ともに働く」という意味のギリシャ語（sunergos）に由来することばだそうだ。

また，学術用語としてのシナジェティックスは，ドイツの理論物理学者Haken（1981）が提唱した「協同現象の科学」を指すものである。彼の意図は，自然の造形から社会の秩序にいたる広い分野のシステムの秩序形成に，自然科学の立場から統一的な法則性を見つけることにあった。

ここで理解してほしいのは，シナジェティックスが，経営上の相乗効果というような意味に限定されるのではなく，異質な他者どうしが互いに支えあったりぶつかりあったりしながら，一人ではできない活動を行ない，なんらかの価値を生み出すということである。つまり，私たちの日常にある人と人とのつながりや営みすべてに，シナジェティックな現象の萌芽はあるということだ。

2.「普通」の教師たちのための組織論として

学校でのシナジェティックな現象を思い浮かべてみると，普通の教師たちがごく自然に協力しあって頑張っている姿がそれにあたる。同僚教師たちといかに信頼関係を構築するか，いかに日々の教育活動を行ないながら，さまざまな問題を抱えた子どもたちと向きあっていくかという営みそのものである。

そんなことは当たり前ではないかという声が聞こえそうだ。しかし，近年の教育改革の動向や学校の現実をながめていると，こうした信頼関係をつくることがむずかしくなってきていると思う。そして，日本中の学校の教育活動を支えているのは，こうした自分の生活をもっているごく普通の教師たちなのだという当たり前の事実が忘れられているのではないかと思えてくる。つまり，普通の先生が普通に協力しあうことで，よい教育ができるシステムとは何かという問いが，どこからも生まれてこないのである。そして，教師たちに私生活を犠牲にする完全無欠なスーパー教師であることを求める時代になってきている。

そのような意味で，シナジェティックスは，いまの時代に人と人の関係を含めて教育活動のあり方を見つめ直すきっかけを提供してくれると思う。それでは，次に，この概念の意義をより明確にするために，シナジェティックスと対概念としてのサイバネティックス（cybernetics）を紹介しておこう。端的に

いって，サイバネティックスとは，現代の教育改革，学校評価の根底にあるパラダイムといってよい。

3．対概念としてのサイバネティックス

　シナジェティックスの基本にある考え方は，システムの自生的な秩序形成にある。つまり，個人の組織内でのふるまいを決定する制御者があらかじめ存在すると考えず，人と人とが関係をつくっていくなかで全体として構成する「場」の様態によって，そのふるまいが決まるということにある。

　これに対し，サイバネティックスは，システムの到達すべき目標はあらかじめ設定されており，人と人との関係はその目標を実現するための機能的なつながりとしてのみとらえられる。もともとこの概念は「舵取り」を意味するギリシャ語（kebernetes）から来たものであり，「情報のフィードバックによる制御システム」と定義されることもある。これを，制御する側から定義し直せば，既知の固定化された構造をもつシステムを対象として，中枢制御者がシステムの構成要素を操作することで，その状態を最適なものにしようとする考え方，というような意味になろう。

　もっとわかりやすくいえば，システムというものを因果関係の鎖でつながれた要素の集合体とみなしているということだ。だから，制御される側は，制御者のもつプログラムによって制御される（べきである）という認識がこの理論の前提としてある。ここは重要なポイントである。社会学でよくいわれる構造機能主義も，この範囲に入ると考えてもらっていいだろう。

　多くの教師たちが経験しているように，子どもどうしのつながり，教室内の雰囲気・学習集団の性質は常に変化し続けており，一つとして同じ姿をみせることはない。ところが，近年，公立学校すべての教師を対象に課せられるようになった目標管理制度や学校評価・人事考課制度は，それぞれの学校の，それぞれの教室の差異を無視する形で進行している。「自己申告による目標管理」は，サイバネティカルな学校経営・教育行政の極みである。その場が「そのままであること」をほうっておいてくれないからだ。この評価制度のなかで，子どもの世界に起きている現実がますますみえにくくなってきている。

2 節　「個人の成果」が問われていることの意味

1．背景としての新自由主義と構造改革

　どうして，このような状況が学校現場で生じているのだろうか。それは，近年，新自由主義の理念に基づく構造改革がさまざまな分野で進行していることと関連している。新自由主義とは，平たくいえば，「企業」が「自由」に活動することで国民の生活が豊かになり，社会の繁栄が実現されるという考え方である。

　累積し続ける国の借金という問題とも相まって，構造改革は，財政支出削減のための医療・介護・福祉・教育費のカットや，民営化の促進，企業負担を軽減するための法人税減税，弱小産業や労働者をこれまで保護してきた規制を緩和するなど多岐に及んでいる。

　こうした方法は，いまやNPM（New Public Management）とよばれ，小泉内閣の「骨太の方針」という政府文書にまで明記されている。それは，1980年代半ば以降，英国やニュージーランドなどを中心に導入されてきたものである。これは，公務員削減とも連動しており，かつてのサッチャー政権は，1979年から1982年までの3年間に，10万人の減員を達成したという（中野，2008）。

　さらに，NPMには，公的部門における個別組織に対する経営管理の手法という考え方も含まれてる。民間企業で採用されてきたマネジメントの方法を公務員の世界にも導入し，さらなる効率化や成果の改善を図ろうとする意図である。

2．学校評価の根底にあるもの

　近年の「目標管理」を基本においた学校評価は，2001年の「公務員制度改革要綱」，2002年の中央教育審議会答申「今後の教員免許制度の在り方について」，さらに2005年の中教審答申「新しい時代の義務教育を創造する」，2006年の「義務教育諸学校における学校評価ガイドライン」等をとおして徐々に姿を現わしてきた。「教育の質の保障」「教育責任の遂行」という名目のもと，最終的には，個人の能力を重視する能力主義や組織目標に照らして個人の成果を

問う業績主義が教師たちを追いつめている。

　これらの答申にあるのは，一元的な機能主義システム観であり，まさにサイバネティカルなものの見方だ。中教審答申「新しい時代の義務教育を創造する」をみてみよう。ここでは，3つのねらい，①義務教育の目標設定とその実現のための基盤整備について国が責任を果たすこと，②市町村や学校の権限と責任を拡大し，自主性・自律性を強化すること，③義務教育の成果を検証する仕組みを国の責任で整備し，教育の質が保障される教育システムの転換を図ること，が掲げられている。

　国が「教育責任」を果たすために，教師増などの条件整備は不可欠であろう。それがあって初めて，市町村や学校の自主性・自律性も生きてくる。その「教育責任」に関連することであるが，2007年，文部科学省は，今後3年間における教師2万3,000人増の方針を打ち出した。しかしながら，政府は，それが公務員削減方針にそぐわないとして反対し，2008年度予算案でわずか約1,000人の純増にとどめている。

　いま，福祉・医療・教育などの住民サービスをなおざりにすることが，「国の責任」で行なわれている。国がインプット（目標設定，基盤整備）とアウトプット（成果の検証）を規定し，スループットという実施過程を，かなり制約した枠組みのなかで市町村や学校，教師に担わせているのである。しかしながら，学校評価や人事考課制度を解説する多くの教育関連書のなかで，そうした政治的社会的背景にふれたものはほとんどない。

3．学校評価の行きつく果て

　シナジェティックスは，人と人のつながりから始まる自生的な秩序形成という考え方が基本としてある。そこで生まれるシステムの目的は，決して所与のものとしてあるのではない。システムを構成する一人ひとりの教師のもつ倫理観・教育観がぶつかりあうなかで，「何が問題であるのか」「何を問題とすべきなのか」を含めて，システムの目的はたえず問い直される。

　しかしながら，目標管理制度では，学校の運営が経営論へと傾斜し，指標主義・成果主義が横行するため，目標そのものが問われることは許されない。さらに，集団的な労務管理よりも，個別的な労務管理が重視されるため，教師は

すでに規定された組織目的（学校の教育目標）の達成のために，自らを方向づけ，献身するだけの存在となってしまうのである。

目標管理制度といえば，かつて教育経営学の世界でも，1960年代から伊藤和衞によって「教育課程の近代管理」が提唱されたことがあった。1970年代には，文部省によって「学校経営の最適化プロジェクト」が推進されたこともあった。しかしながら，実際のところ，それらが学校現場に定着することはなかった。それはなぜか。教師の日常感覚がそのようなものを跳ね返していたからではないだろうか。つまり，リアリティなき閉じたシステム論が，現実の教育の営みとは相容れないものであることを，教師たちがごく普通に感じ表明できるバランスが保たれていたからではないだろうか。

4. 成果主義からの脱却

教師に個人としての指導力の向上が要求されるのは当然である。しかしながら昨今の，学級崩壊に関連する本をみていると，「どうすれば荒れたクラスを立て直すことができるか」「どうしたら子どもが授業に集中できるか」など，個人の教育技術に傾斜したハウツー本が多い。つまり，学級を閉じたシステムとして，どのようにコントロールすればよいかというテクニックの問題にされているのである。

学級というシステムは，学校・地域・家庭等のさまざまなコンテクストと重層的に関係づけられている。確かに，こうした複雑性を考慮すると，教師個人の指導力にかかわる行動主義的な目標に還元したほうが扱いやすいのかもしれない。また，現実問題として，「荒れた学級をどうにかしたい」という切実なニーズもあるかもしれない。

しかしながら，サイバネティックスの発想ばかりで教育活動が評価されるのはいかがなものだろうか。学級・学校というものは本来合理的で秩序あるもの，という規範意識や指導性に重点が置かれてしまうと，子ども一人ひとりのありのままの姿や，学級経営のプロセスが不断に秩序の再構築をくり返すダイナミックなものであることがみえなくなるのではないか。

こうしたものの見方から脱却するためには，現実に向きあいながら何とかしてこの社会を生きようとする子どもたちの姿がとらえられるシナジェティック

スの視点が必要である。

3 節　石田衣良作品とシナジェティックス

1. 石田衣良のシステム観

　石田衣良という作家は，子どもや若者たちがいまの社会に傷つきながらも，ごく普通の暮らしをするために必死になっている姿を巧みに描いている。ここでは，シナジェティックスの視点から，彼の作品を読み解いてみよう。たくさんの作品のなかでも，彼のシステム観が象徴的に表われているものとして，『アキハバラ@DEEP』（石田，2004）がある。社会から落ちこぼれたいわゆる「オタク」とよばれる5人の若者とコスプレ喫茶のアイドルが協力してネット関連のベンチャー企業を立ち上げ，悪徳企業のオーナーと戦い，さまざまな苦境をともに乗り越えていくという物語である。

　冒頭の一節に次のような文章がある。

> 　これはわたしの父たちと母たちの物語である。社会システムに不適応だったゆえに図らずもつぎの時代を切り拓き，みずからの肉体と精神を一個の免疫細胞と化して新しいウィルスに備えた，力強く傷つきやすい父と母の物語である。
>
> （石田，2004）

　登場する主人公たちには，吃音，癲癇癖，潔癖症など，それぞれ弱者のシンボルとしてのスティグマ（負の烙印）が付与されている。作品の根底にあるのは，「弱いものたちがこの社会で生きていくためには，つながるしかない」というメッセージである。「つながる」ことで，自分の存在意義＝居場所を見つけることができ，さらに，「つながって」できた集団は個人の力量の総和以上のエネルギーをもつということだ。こうしたシステム観は，4人組の男子中学生たちが，友情，恋，性，病気，死などの悩みを精一杯受けとめながら互いに信頼を寄せあって成長していくプロセスを描いた『4TEEN（フォーティーン）』（石田，2003）にもみられる。

2.『5年3組リョウタ組』のメッセージ

　2008年1月に出版されたこの作品は，石田にとって，教師のあり方，学校のあり方を正面から問いかけた初めての教育小説である。主人公のリョウタは，教壇に立って4年目の小学校教師である。いわゆる熱血教師でもない，どこにでもいそうな「普通」の教師を，石田は主人公としてあえて設定している。教師になったら忘れてしまいがちな「普通」の感覚のなかにこそ，現代の教育界を席捲しているさまざまな問題への解決の糸口があることを伝えてくれる。

　リョウタは，自分の弱さを隠すことなく誠実に子どもや同僚教師たちと向きあえるという「非凡な資質」をもっている。「自分をひらき，人とつながる」という非凡さである。クールで天才肌の隣の学級担任龍一は，登場場面の様子から，てっきり敵役かと読者に思わせる存在だったが，そんなリョウタに信頼をよせ，やがて2人の絶妙な協力関係が生まれる。互いに認めあう2人を中核として，シナジェティックな協調関係が知らず知らずのうちに学校全体へと波及する。そして，学校が直面する問題を次つぎと解決していくのである。問題といっても，決して派手なものではない。教室を抜け出してしまう問題児，先輩教師のいじめにあって不登校になってしまった同僚教師，異常なクラス間競争など，いずれもどの学校で起きてもおかしくない問題が取り上げられている。

　石田なりに，日頃から感じている教育界についての切実な思いを表現した会心の作品といえよう。教職を志望している学生には必読書としてぜひ推薦したい。また，これまでふれてきた目標管理による成果主義が，実際に，学校でどのような競争や緊張・不安を引き起こすかを興味深く伝えてくれているので，現場教師には，学級経営，学校経営論としても読むことをお薦めしたい。

　この作品がリアリティにあふれているのはなぜだろうか。それは，この作品のテーマが「理想の教師像」や「理想の学校像」ではないからだろう。いろんな問題が頻繁に起きているごく普通の学校の日常や，よくはわからないけれど，子どもと接するなかで一日として同じことのないプロセスそのもののなかに，教育の面白さ・魅力があるということをメッセージとして伝えようとしているからではないだろうか。

　対照的に，近年の学校評価は，どのような学校のどのような教師がどのように教育活動を展開しても，到達すべき固定点があるような感がある。『5年3

組リョウタ組』が教えてくれるのは，学級経営・学校経営とは，理想的な集団づくりのために，いくつかの段階や目標をあらかじめ設定して，予定調和的に計画的に展開していくだけのものではないということ。つまり，集団を成功あるいは失敗に導くのは，事前の秩序だった指標主義的な計画ではなく，人々の間にある協調関係やものの見方・考え方のパターンであるということである。こうしたものが，意識するしないにかかわらず，子どもどうしの人間関係や学級風土の形成に少なからぬ影響を与えるということではないだろうか。

4 節　いま，なぜシナジェティックスが必要なのか

いま私たちは，子どもの世界に起きている異変，すなわち学級崩壊・いじめ・不登校等の現象を前にして，これまで自明とされてきた教師と子どもの間の役割関係そのものが崩れつつあることに注目しなければならない。学校内部に現実に起きている公共性の変容に目をふさいだまま，システムの外部の視点から学校の教育活動を制御しようとする発想は，子どもたちの問題を単なる教育システムにとっての機能障害としてのみとらえることになってしまう。

数値目標を掲げる成果主義のなかで，ひたすら不登校の子どもの「数を減らす」ことにどのような意味があるのか。現代の子どもたちは，教師が設定する学級の教育目標やその実現のための技術的な方法論とはすでに別の次元にいるのではないか。とすれば，成果主義にふり回されずに，子どもの内面に起きていることや，子どもどうしのリアルな関係にもっと注意を向ける必要があるのではないだろうか。

もちろん，シナジェティックスは万能ではない。しかしながら，シナジェティックスは，教師・子どもの一人ひとりのもつ意味や価値にかかわるものを主観的なものとして排除しない。複雑なものを複雑なままに理解し，予測のつかないこと，制御できないことも，そのようなものとして理解する。制御できないことを特定の子どものせいにもせず，いつも関係性のなかで理解する。シナジェティックスは，そのような視点を提供してくれるように思う。

さらに，シナジェティックスの可能性は，子ども集団に起きている現象を分析するための理論的枠組みにとどまるものではない。それは，教師自らが心を

ひらき，教師どうしがつながりあうことで，個人としての教師の力量でなく，チーム（教師集団）としての力量を互いに高めあうためのものの見方・考え方を提示してくれる。

再度，問う。普通の教師が，普通に協力しあうことで，よい教育ができるシステムとは何か。これは，親も含めて，教育にかかわるすべての者たちに向けられている問いである。

●●● 引用・参考文献

Haken, H. 1981 *Erfolgsgeheimnisse der Natur: Synergetik, die Lehre vom Zusammenwirken*. Stuttgart: Deutsche Verlags-Anstalt. 高木隆司（訳）1987 自然の造形と社会の秩序 東海大学出版会
石田衣良 2003 4TEEN フォーティーン 新潮社
石田衣良 2004 アキハバラ@DEEP 文藝春秋
石田衣良 2008 5年3組リョウタ組 角川書店
古賀野卓 2004 学級経営のシナジェティックス 筑紫女学園短期大学紀要, 39, 63-80.
黒岩晋 1991 システム社会学―大キサの知― ハーベスト社
中野雅至 2008 公務員クビ！論 朝日新書
斎藤貴男 2004 教育改革と新自由主義 寺子屋新書

6章 組織アイデンティティ論からみた学校経営

●●● 熊丸真太郎

　自主的・自律的学校経営が求められるなかで,「特色ある学校づくり」が進められている。同じような「特色ある学校づくり」への取り組みが, ある学校では成功し, 他の学校ではうまくいかないのはなぜか。「特色ある学校づくり」を組織づくりという視点から, この問題にアプローチしていく。その際に有効と考えられるのが, 組織論において, 近年注目されている組織アイデンティティという概念である。

1節　組織文化

1．組織の見えないものへの関心

　近年, 学校経営において,「組織マネジメント」が重要であるといわれている。組織マネジメントとは, 一般的には学校内外の能力・資源を開発・活用し, 学校に関与する人たちのニーズに適応させながら, 学校教育目標を達成していく活動とされる。

　その背景に, 各学校が「特色ある学校づくり」を求められていることがある。各学校は「特色ある学校づくり」により, 子どもの個性や能力に応じた教育を提供しようとしている。そこには, 一人ひとりの子どもが異なることに加え, 地域社会などの学校環境は異なるから, 学校教育目標をどのように達成するかは, 各学校で異なるという前提がある。

　それでは, はたして学校を「つくる」のは誰なのか。教職員のみが学校を「つくり」, 子どもは「つくられた」学校を享受する単なる消費者ではない。学

校という組織は，教職員組織以上のものであり，学校の諸活動の展開やその成果は，教職員と子どもとの協働に大きく左右される。

そうであるとすれば，子どもが自ら通う学校をどのように認識し，自らとの関係を意味づけているかということが，「学校づくり」においても一つの重要な要因になってくる。

「学校づくり」が，教職員と子どもとの協働によってなされるものだとすれば，「学校づくり」には，Barnard（1938）のいう「共通の目的」「コミュニケーション」「協働意思」という協働を成立させるための要素が必要となる。なかでも，教職員と子どもとの協働を想定した場合に重要になるのが，「協働意思」である。

子どもが学校で教職員と，あるいは子どもどうしで協働する意欲を支えるものとして，その学校への一体感は欠かせない。学習内容や学校生活自体に教育的な意義を感じ，自分にとって学校へのかかわりに有用性を見いだす子どもたちばかりなら，組織への一体感は重要ではない。しかし，そうではない多くの子どもたちにとって，学校が楽しく，そこにかかわりたいという学校への一体感は，学校での協働意思を高める要因となる。

組織として学校をみた場合，教職員や子どもが学校に一体感を抱くには，組織の規模や構造といったハード面よりも，文化や雰囲気といったソフト面が影響する。これら文化や雰囲気といった「目には見えない」要因は，組織のパフォーマンスに大きく影響を与える。これまで教育経営学では，学校の「目には見えない」要因の一つである「組織文化」に関心が集まっていた。まず，「組織文化」とはいかなるものかみていこう。

2．組織文化論の意義と限界
(1) 組織文化とは

組織文化（Organizational Culture）とは，一般的には，「それぞれの組織の雰囲気や特徴」と理解される。組織文化の定義としてよく引用されるのが組織心理学者のSchein（1985）による「ある特定のグループが外部への適応や内部統合の問題に対処する際に学習した，グループ自身によって，創られ，発見され，または，発展させられた基本的仮定のパターン」というものである。

さらに，Schein（1985）は組織文化を3つのレベルに分けてとらえている（図6-1）。

第一は，「人工物と創造されたもの」であり，目に見えるがしばしばその意味を解読することがむずかしいものである。

第二は，「価値」であり，組織のメンバーの行動を規定する規範的基準である。これは，どのような基準で行動しているかなど価値を意識したり，表現したりすることができるので，意味を理解することは可能である。

第三は，「基本的仮定」である。これは，組織のメンバーにとってあまりに当たり前ととらえられており，意識することができない（むずかしい）。そのため，対立も議論の余地もなく，組織のメンバーがどのようにものごとを知覚し，考え，感じるかを示す。

たとえば，学校で行なわれる全校集会をイメージしてほしい。ある学校では，前後左右一定の間隔で乱れなく子どもが並んでいる。これは，「人工物」のレベルである。つまり，その学校では子どもが並ぶときに乱れることがないという行動パターンである。

そうした子どもの行動は，「乱れた列を許さない」というその学校の教職員がもつ価値観つまり「価値」のレベルに基づいた指導の影響を受けていると想

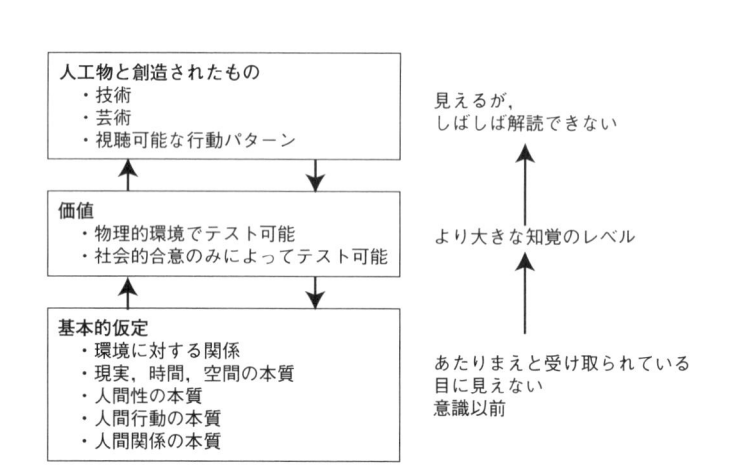

図6-1　文化のレベル（Schein, 1985, p.15）

定される。さらに，そうした「価値」が共有されるのは，全校集会は儀式であり，きちんとした態度で臨むことがあたりまえだという「基本的仮定」が教職員に共有されているからであろう。

さらには，教職員の「基本的仮定」や「価値」に基づく指導が，子どもにも受け入れられると，子どもたちは自分たちで乱れずに並ぶようになる。子どもたちも，式典にどのように臨むかについての「価値」や「基本的仮定」を共有するのである。

このように，組織文化論は，組織のシステムや構造では説明できない組織のパフォーマンスを，メンバーの行動や発想に影響を与える「文化」という観点から説明する。特に，組織文化論は「価値」や「基本的仮定」のような目に見えない要因を重視する。

さらに，組織のトップのリーダーシップによる組織文化のマネジメントが，強い組織として高いパフォーマンスを発揮するという見解もある。学校ならば，校長が組織文化をマネジメントし，学校改善を行ない，高い教育効果をもたらすというわけである。

(2) 組織文化論の限界

組織文化論では，メンバーがある価値や基本的仮定を共有し，それに基づいた行動をとることで，外部環境に適応したり，組織内部のメンバーの一体感を高めたりするとされる。こうした価値や基本的仮定の共有に焦点を当てる見方では，ある組織の文化が他の組織のそれと明確に区別し得るという前提に基づいていた。つまり，組織文化論において，共有される価値や基本的仮定は，その組織のメンバーが共有しているものであるから，その組織に独自なものと位置づけられていた。それゆえ，ある組織が他の組織と異なるという組織の独自性は自動的に担保されていたといえる。

これは，組織文化論において，単一の組織のみを対象とすることが多く，その組織以外の要素は適応したり，影響を与えたりする「環境」として位置づけられていたことに起因する。学校でいえば，近隣の他校でどのような価値や基本的仮定が共有され，それが自校とどう異なるかには焦点が当てられることはなかったのである。

しかし，なんらかの価値や基本的仮定を共有していることのみをもって，組

織が一体感をもつという見方には不十分な点がある。それは，組織独自の価値とされるものが，他の組織でも共有し得るという点である。たとえば，先述の全校集会の例でいうと，ある学校で共有されている「全校集会などの式典では，子どもたちは列を乱すことは許されない」という価値は，果たしてその学校にのみ共有され得る価値だろうか。同様の価値が，教職員や子どもに共有されている学校が他にあることは容易に推察できる。

そうすると，価値や基本的仮定の共有を強調する組織文化という概念だけでは，教職員や子どもの，「この学校」への一体感を高めることは説明できない。ある価値や基本的仮定を共有しているが，それは「この学校」に通っているからでなく，若者に共通であるからかもしれないし，あるいはその地域に共通であるからかもしれないのである。

教職員も子どもも，学校以外のさまざまな組織や集団に所属している。ある価値や基本的仮定を共有しているかどうかの境界と学校のメンバーであるかどうかの境界とが一致するとは限らない。組織文化だけでは，その組織の独自性は明確にならないのである。

この学校に「独自なもの」だと認識するからこそ，ある価値や基本的仮定は教職員や子どもの学校への一体感を高めることにつながる。それでは，学校の一体感を高める根拠となるものは何か。価値や基本的仮定の共有だけでは組織の一体感につながらないとすれば，学校の一体感を考えるには何か別の要因を想定する必要がある。

このような組織文化論の限界をふまえ，組織のメンバーがどのように組織の独自性を認識し，組織への一体感を高めるのかということについて，新しいアプローチが生まれてきた。

2節　組織文化論から組織アイデンティティ論へ

1. 組織らしさを表わす組織アイデンティティ

組織アイデンティティとは，その組織のメンバーが，「われわれはいったい何ものか」「この組織は，どのような組織なのか」と自己言及的に問うたときの答えだと理解できる。つまり，ある個人自らが所属していると認識している

組織の有する特性が，組織アイデンティティなのである。

　さらに，組織アイデンティティは，①中心的な特徴（central character）の基準，②弁別性（distinctiveness）の基準，③時間的連続性（temporal continuity）の基準，というこれらの3つの基準を満たすものとされる。たとえば，ある学校で「文武両道」を重視するという価値が明確であり，それが他校にはない自校ならではの特徴だと認識され，それが一定期間認識されているといったことである。

　組織アイデンティティ論では，弁別性の基準が重視されるが，これを個人レベルのアイデンティティ論と比較して考えてみよう。個人レベルのアイデンティティには，「私が私であること」と「私が何ものかであること」という2つの側面がある。つまり，「私はあなたでない」という他者との区別が明確で，「私にはこういう特徴がある」という自分の特徴が明確であるとき，アイデンティティが構築されたといえる。

　同様に，「われわれにはこういう特徴がある」という組織内の価値や基本的仮定の共有だけでは，「われわれは何ものか」への回答として不十分である。やはり，「われわれは，あの組織ではない」という他との区別が組織レベルでもアイデンティティ構築に重要となる。

　たとえば，「○○という特徴があるから，あなたはA校の生徒だ」というより，「A校の生徒だから，○○という特徴があるのだ」というほうがより説得力がある。つまり，客観的に他の組織と区別できる特徴が存在するかということより，その組織に所属していると認識しているからこそ，ある特徴が「その組織の」特徴だと認識されるのである。

　組織アイデンティティは，客観的に「この学校の組織アイデンティティはこれだ」と外部の観察者が具体的に指摘できるものではない。組織のメンバーによって主観的に構築されていくものである。なんらかの価値や基本的仮定の共有は，行動を観察することで指摘可能である。しかし，個人と同様に組織のレベルでも，アイデンティティは組織のメンバーが主観に基づいて自ら構築していくものである。

　先の「文武両道」の例でいえば，勉強にもスポーツにも熱心に取り組んでいるから，自校の組織アイデンティティが「文武両道」であると認識されるとは

限らない。あくまで，この学校に所属しているという認識があるから，そこで重視される「文武両道」という価値や行動様式を，自らの学校の特徴を表わす独自なものとして意味づけ，また，そのようにふるまおうとするのである。

　組織アイデンティティは，メンバーの主観を重視する概念であるゆえに，他との区別，つまり組織と外部との境界が明確ならば，メンバー間の「この学校は，こういう特徴がある」という認識の多様性を容認したうえで，組織への一体感をもたらすのである。

2．組織文化の限界を補う組織アイデンティティ

　先述のように，組織文化論を援用しようとしても，組織の独自性を説明するには限界があった。なんらかの価値や基本的仮定を共有していることが明らかになれば，それらを共有する人々の間に一体感がもたらされることは説明できる。しかし，その価値や基本的仮定が組織に独自だとみなされなければ，組織への一体感につながるとは限らない。

　また，学校において教職員のみならず子どもをもそのメンバーとして考えたとき，価値の共有にはもう一つ問題点がある。それは子どもに価値や基本的仮定の共有を求めることの問題点である。学校が子どもに組織文化つまり，価値や基本的仮定の共有を求めることは，一元的な価値の押しつけとなることもある。価値や基本的仮定の共有による組織の統合は，子どもの自律性を奪うことにもつながり得る。

　学校において，教職員や子どもが組織としての一体感をもつには，教職員と子どもという立場の違いからくる価値の相違を許容する組織統合のあり方が求められよう。

　これらの問題に対して，組織文化論の不十分な点を補うものとして，組織アイデンティティ論の弁別性，つまり成員性の認知を重視する点があげられるだろう。

　ある学校について，「わが校は，○○である」と表現する場合，組織文化論が重視してきたのは「○○」のうちにどのような特徴が入るかであった。つまり，「部活動に熱心である」とか「文武両道である」とかいったことがどのように客観的に表現できるかである。

一方，組織アイデンティティ論では，むしろ「わが校は」という認知，つまり「自分はこの学校のメンバーだ」という認知がいかに顕著であるかを重視する。

「部活動に熱心である」にしても「文武両道である」にしても，それだけではその地域の学校全般に共通かもしれないし，伝統校に共通の特徴であるかもしれない。しかし，「自分はこの学校のメンバーだ」という認知が顕著ならば，それらは「わが校の特徴」と意味づけられる。

また，「自分はこの学校のメンバーだ」という認知が顕著であれば，「部活動に熱心」や「文武両道」といった特徴を自らが必ずしも体現していなくても，「わが校の特徴」であると認識することを可能とするのである。

それでは，組織文化は教職員や子どもの学校への一体感に対して無意味な概念なのかというとそうではない。「この学校は，あの学校ではない」という他の学校との区別が主観的になされても，それでは「この学校には，どういう特徴があるのか」という問いに答えなければ，組織アイデンティティは構築されない。つまり組織文化は，組織アイデンティティにおける「この学校には，こういう特徴がある」という認識の材料を提供する点で，組織アイデンティティと切り離せない，重要な概念として位置づけられる。

3節　組織アイデンティティ構築の視点からみる学校

1. 組織アイデンティティの構築

これまで，組織をまとめる機能をもつ組織文化とその限界を補う組織アイデンティティについて理論面から整理してきた。ここからは組織アイデンティティという概念を用いて，学校経営実践のどのような点が説明できるのかについて検討していきたい。

まず，組織アイデンティティがどのように構築されるかを再度おさえておく。組織アイデンティティの構築には，「自分はこの学校のメンバーだ」という認知が顕著であることに加え，この学校にはどのような特徴があるのかを認識することも必要であった。つまり，自分はこの学校のメンバーであるという意識が組織の「ウチ」と「ソト」の認知的な境界を明確化させ，組織文化が組織の

特徴を認識させる材料を提供し，それをもとに組織アイデンティティが構築される。そして，成員性の認知と組織の特徴の認識とが一定期間継続することで組織アイデンティティは維持される。

組織アイデンティティの構築・維持につながる成員性の認知は，入学したから，学籍があるからといって自動的にもたらされるとは限らない。客観的にその学校の一員であっても，心理的にはそのように認知していないメンバーの存在も十分に想定され得る。

組織アイデンティティの構築に影響を与えるものとして重要なのが，組織外の他者の存在である。それは，組織外の他者とかかわることが，その組織における「ウチ」と「ソト」を明確化させることにつながるからである。

たとえば，学校外の人から学校の様子について聞かれ，返答するという日常的な行為も，自らは学校のメンバーであり相手はそうではないという関係性に基づいている。このことは，自らが学校のメンバーであることを意識化させる機会でもある。

さらに，組織外の他者とのかかわりは，自らの組織への評価にも影響する。自分たちが組織外の他者にどのようにみなされているのか，そのことは成員性の認知に影響を与える。

「この学校は，どのような特徴をもっているのか」という組織アイデンティティの内容的な面は，学校内部でのコミュニケーションにより構築され，共有されるかもしれない。しかし，組織外の他者が自分たちをどのようにみているかということは，学校外の他者によってしかもたらされ得ない。つまり，このような他者とのかかわりが，「この学校は，あの学校ではない」という成員性の認知に大きく影響する。

2．学校における組織アイデンティティの構築

組織アイデンティティ論では，「われわれにはこういう特徴がある」ということより，「われわれは，あの組織ではない」ということを重視する。それでは，「われわれは，あの組織ではない」という成員性の認知を顕著にするにはどのような方策が考えられるだろうか。

そういった点では，組織文化の表面的な要素である「人工物」も有効だろう。

たとえば，有名デザイナーのデザインによる制服の導入や校名変更などの取り組みは，価値や基本的仮定などが不明確であっても，他校との境界を明確化させるものである。他校との境界の明確化は，子どもにとって学校の成員であることの認知につながる。それらの取り組みは表層的な取り組みかもしれない。ただ，表層的だからこそ，その意味内容があいまいであっても個人の主観により構築される組織アイデンティティの構築に作用する。

さらに，もう一つ重要なのが，組織外の他者とのコミュニケーションである。子どもは，学校で「学年」や「クラス」「野球部」「商業科」などさまざまなカテゴリーに所属している。学校内部だけでは，「われわれは1年生であり，2年生ではない」のように学年レベルで成員性を認知しても，「われわれは，あの組織ではない」といった学校レベルでの成員性の認知の顕著化にはつながりにくい。

たとえば，部活動は，学校レベルでの成員性の認知が顕著になる代表的な機会である。学校レベルで他の学校と競争的関係にあることが，より「われわれは，あの組織ではない」という組織内外の境界を明確化し，成員性の認知を顕著にし，学校への一体感を高めるのである。その視点からみると，高校や大学において行なわれている，近隣の学校との「定期戦」や「対抗戦」などとよばれる行事は，学校レベルでの成員性の認知を顕著にするものだといえる。

また，地域住民の教育活動への参加や，学校外での職業体験やボランティア活動，インターネットを用いた他校との交流，学校行事なども学校レベルでの成員性の認知が顕著となる機会である。なぜなら，それらは教職員にも子どもにも「ウチ」と「ソト」とを意識化させるからである。学校のメンバーである「われわれ」とそうではない「地域住民などの人々」がかかわることで，自らが学校の成員であることを意識させられる状況を経験する。そこで，学校に対して学校外の人々からなんらかのフィードバックがもたらされれば，教職員や子どもの学校レベルでの成員性の認知は顕著になる。

「われわれは組織である」という成員性の認知が顕著だからこそ，メンバー間の「われわれにはこういう特徴がある」という認識の多様性が許容される。つまり，メンバーの間に自らが所属する組織の特徴の認識にばらつきがあっても，「われわれの組織は」という境界が明確であることにより，組織としての

一体感をメンバーがもち得るのである。また，その特徴が他の学校にも存在するものであっても，学校レベルでの成員性の認知が顕著であれば，子どもたちはその学校の「特色」と認識し，学校への一体感を高めることにつながり得るのである。

　他の学校ではやっていないことを探すばかりではなく，ありふれているかもしれない日常の活動を，学校外の多くの人々の協力を得て，地道に行なっていくこと，それが子どもにとって受け入れられる「特色ある学校づくり」であり，教職員・子どもの組織アイデンティティの構築につながるのである。

●●● 引用・参考文献

Barnard, C. I.　1938　*The Function of the Executive.* Cambridge, MA: Harvard University Press.　山本安次郎・田杉　競・飯野春樹（訳）　1970　新訳 経営者の役割　ダイヤモンド社

岡東壽隆　1994　シリーズ学校改善とスクールリーダー 4　スクールリーダーとしての管理職　東洋館出版社

岡東壽隆・福本昌之（編著）　2000　学校の組織文化とリーダーシップ　多賀出版

佐藤郁哉・山田真茂留　2004　制度と文化―組織を動かす見えない力―　日本経済新聞社

Schein, E. H.　1985　*Organizational Culture and Leadership.* San Franciso: Jossey-Bass.　清水紀彦・浜田幸雄（訳）　1989　組織文化とリーダーシップ―リーダーは文化をどう変革するか―　ダイヤモンド社

7章 学校の知識経営

●●● 織田泰幸

　現在の学校経営においては，学校の自主性・自律性の確立や特色ある学校づくりの推進とかかわって，学校全体として創意工夫を生かした教育活動を展開することが求められている。そのためには，個々の教師が確かな力量を形成するだけでなく，学校全体としての力量（学校の組織力）を高めることが重要である。本章では，学校の組織力を高めるプロセスについて，OECD/CERI（教育研究革新センター）の研究や授業研究の知見をふまえ，知識経営論の観点から検討する。

1節　知識経営論への注目

　現在わが国では，自主的・自律的な学校経営の確立が求められており，特色ある教育活動の展開，開かれた学校づくり，アカウンタビリティの確立などを通じて，児童・生徒の確かな学力と社会性を育み，保護者や地域社会からの信頼を構築することが求められている。また，いじめや学級崩壊をはじめとする学校の諸問題に対して，教師個人の知識や技能で対応できる範囲を超える課題に学校組織全体で対応すること（多様な児童・生徒に対する指導困難性への組織的対応）の必要性が指摘されている（佐古，2007）。こうした背景から，現在の学校経営においては，教師個人だけでなく学校成員の集団的・組織的な活動によって学校全体としての力量を高めることが重要な課題となっている。

　本章では，この課題を考えるための理論的枠組みとして，知識経営論（ナレッジマネジメント）に注目する。知識経営とは，製品やサービスに高い価値を

生み出すために，3M（Man, Material, Money）だけでなく，知識を重要な資源として経営実践に活用していこうとする考え方である。この理論では，人間の相互作用を基盤とした知識の経営（＝知識を獲得，創造，活用，蓄積する連続的な経営プロセス）を展開するなかで，継続的・長期的に組織の能力（競争力や成長力）を向上させていくことがめざされるので，学校の組織力を高めるプロセスを考えるための参考になる。ただし，知識経営論は，企業経営の文脈では理解しやすいが，学校経営の文脈では企業の製品やサービスに相当するものは何かが明確ではない。そのため，学校における知識経営について検討するためには，教育の独自性や特殊性をふまえる必要がある。

2 節　専門的職業による知識経営の違い

この課題を考えるときに注目に値するのが，知識経営論の発想を積極的に取り込みながら議論を展開している OECD/CERI の研究である。そこでは，先

表7-1　先端技術産業，医療，教育における知識経営の違い（OECD/CERI, 2000, p.62 を改変）

次　元	先端技術産業	医療	教育
知識の創造・伝達・活用に対する圧力			
知識創造のための圧力の主な源泉	市場 R&D	患者 R&D	政治家
専門文化からのイノベーションに対する圧力	非常に高い	中位	低い
知識の創造と伝達に与えられる優先事項	非常に高い	中位	低い
知識の創造・伝達・活用のための構造と資源			
研究開発（R&D）経費	非常に高い	高い	低い
知識経営というアイデアの認識	高い	低い	非常に低い
知識経営というアイデアの応用	高い	低い	低い
行為者どうしのネットワーク	高い	中位	低い
異なる専門分野の協働	高い	場合による	低い
熟達者と初心者の相互作用（徒弟制的養成モード）	非常に高い	かなり高い	かなり低い
公的－私的部門の協働	強い	弱い	非常に弱い
大学との連携	強い	中位	弱い
知識の伝達における ICT の活用	高い	中位	弱い
新しい知識の伝達	非常に早い	早い	遅い
新しい知識の実行	急速	場合による	遅い
知識の創造・伝達・活用の成果			
知識創造における成功のレベル	非常に高い	高い	低い
研究開発（R&D）の質	高い	場合による	低い
イノベーションの割合	高い	場合による	低い

端技術産業と医療と教育の各専門的職業における知識経営の違いが表7-1のように対比されている。

以下では，教育における知識経営の独自性や特殊性を探るために，OECD/CERI（2000）の研究を参考にしながら，先端技術産業，医療，教育という職業ごとの知識経営のありようを概観する。それぞれの専門家は実際には多様であるが，先端技術産業では企業の技術者（エンジニア），医療では病院の医師，教育では学校の教師に焦点を当てる。

1．先端技術産業

先端技術産業では，市場や消費者が商業的な成功を決定づける。そのため，企業は市場の動向，顧客の意見，競争相手の情報などを戦略的に分析しながら俊敏な経営を展開する必要がある。技術者は，数学や物理学などの知識を実践の問題解決に活用する。技術者の力量形成機会としては，個別の職業経験に加えて，職能横断型チーム（プロジェクトチーム）への参加，新人研修やリーダーシップ研修などがある。製品開発のためには，部品や素材，開発設備を外部から購入することが多いので，組織の境界を越えた連携や協働の促進が重要になる。大企業の場合，自社の研究開発部門で新製品の開発と研究が行なわれたり，大学との共同による研究開発事業が行なわれることがある。生産された知識は，自動車，家電，パソコンなど，企業のアイデアが製品やサービスに具現化されたものである。競合他社との市場競争にさらされるため，知識生産のスピードは熾烈である。

2．医療

医療では，患者の病気の治療や健康の増進が研究開発の契機となる。医師は，実践において，解剖学，生理学，薬学といった自然科学の知識だけでなく，臨床医学や医療科学の知識（たとえば，ある臓器における薬の効果）を活用する。つまり医師の経験や勘だけでなく，科学的な研究成果（根拠）に基づいた診療行為が行なわれる。医師の力量形成機会としては，上級医の指導のもとで臨床経験を積み重ねる研修医制度や，医師，看護師，作業療法士，薬剤師などが一堂に会し，症例に即して検討を重ねるカンファレンス（臨床研究会）の機会が

ある。また，医師は臨床経験のなかで研究を積み重ねており，学会発表や専門誌への投稿を通じて医療や医学の進歩・発展に貢献する。新しい研究成果は，専門書や学会誌，さらには IT を通じて普及され共有される。医療の世界では，科学技術の進歩とともに医療技術が発展し，新薬や医療機器の開発と実用化という形で知識生産が行なわれる。

3．教育

　教育では，政府主導で教育改革が進められる。教師の仕事は，基本的には，教室という孤立した状況で行なわれるため，個人の試行錯誤を通じた独習が基本になり，省察の機会が乏しくなりがちである。また，教師は，教育の哲学，社会学，心理学，歴史学などの科学的な知識や研究成果を実践に活用することがあまりない。そのため，実践の問題解決に活用する知識は，実践経験から培われる知識に傾斜しがちである。教師の集合的な学習実践として授業研究があるが，日常的に頻繁に行なわれる活動とは言いがたい。また，授業研究による力量形成の効果は「子どもを見る目が養われた」といった職人的な表現で語られる。さらにいえば，教師は教育研究の成果や動向にあまり関心を向けず，専門学会に参加したり，学術雑誌を購読することは少ないのが現状である。

3 節　暗黙知を転移するための「コーチングによる徒弟制」

　先端技術産業，医療，教育の専門家に共通するのは，程度の差はあるが，講義や書物で学習した知識（形式知）が実際の問題解決にそのまま役立つとは限らず，試行錯誤による実践経験の積み重ねによって，認知的スキル（ものの見方や考え方の枠組み）や技能的スキル（知識や技能の熟練）といった暗黙知を磨いて豊かにする必要がある，ということである。特に教育においては，先端技術産業や医療に比べて，実践的な問題解決に活用する形式知の割合が低く，活動の効果や成果は測定しにくい。また，学校では，教育活動が個々の教師に拡散し，それぞれが自己完結的に遂行される組織状況が存在する（佐古，2007）。そのため，学校の組織力を高めるためには，教師個人レベルの優れた暗黙知を，他者の知見や考え方を取り込みながら，いかに集団や組織のレベル

で活用・共有できるかが重要な課題となる。

　ここで目を向けたいのは，暗黙知そのものの性質である。暗黙知は言語的に明示化された形式知とは異なり，現場的で，文脈依存的で，粘着質（sticky）な性質をもっており，言語化して転移することがむずかしい。そのため，暗黙知を転移するためには，熟達者の指導のもと，実際の職業の「場」や「文脈」を共有しながら集合的な学習実践を行なう徒弟制的な学習形態が重要になる。先端技術産業，医療，教育では，なんらかの形で徒弟制的な学習形態を通じた成員の社会化が行なわれている（表7-1の徒弟制的養成モード）。

　徒弟制的養成モードには，「環境浸透による徒弟制（apprenticeship-by-osmosis）」と「コーチングによる徒弟制（apprenticeship-by-coaching）」の2つのモデルがある。前者は伝統的な徒弟制であり，学習者は，師匠や兄弟子との関係性のなかで，観察や模倣による学習を通じて自然にスキルを獲得・体得していく。一方，後者は新しい徒弟制であり，学習者はコーチから適切なスキルを実演・説明され，学習のための支援やフィードバックを受けながら，模倣や実践を行なう機会を積極的に与えられる。

　どちらの徒弟制も指導者（熟達者）の暗黙知を学習者（初心者）へと転移させる点は共通する。しかし，前者は指導者と学習者の関係が権威的・硬直的であり，その学習は計画性や継続性に乏しいため，学習者が熟達するまでにかなりの時間を要する。これに対して後者は，指導者が共感的な立場から学習者の援助的指導に携わり，多様な能力を引き出すとともに，精神的な安定を与え，信頼関係を構築することを大切にした，より協働的で柔軟な関係性に立脚している。

　形式知と暗黙知の統合がうまく行なわれる集合的な学習形態としては，後者のモデルのほうがふさわしい。したがって，転移しにくい性質をもつ暗黙知を有効に活用しながら学校の組織力を高めるためには，「コーチングによる徒弟制」の発想や技術を積極的に取り込み，教師どうしの相互作用に基づく知識の循環を活性化させることが重要になろう。

4 節　知識の循環を活性化させるための授業研究

1．授業研究における協働的な知識構築プロセス

　学校という実際の職業の場において，教師どうしの相互作用に基づきながら知識の循環を活性化させる活動として，授業研究がある。授業研究とは，教師たちが勤務校で授業を参観した後に，その授業について共同で検討・省察しあいながら，授業の改善や専門的な力量形成を行なう集団的・組織的な活動のことである。これは明治期以来続いているわが国独自の優れた学校文化である。欧米の教育学者たちは，教師の実践的な知識や技能の発達を促すだけでなく，教師の協働的な文化を構築し，学校の組織的な変化をもたらす取り組みとして授業研究に注目しており，lesson study や jugyou kenkyuu という用語でその特徴や意義を紹介している（たとえば，秋田・ルイス，2008）。

　では，授業研究において教師はどのような活動を行なうのであろうか。秋田（2006）は，授業研究を「実践知の協働構築過程」と理解し，図10-1のような学習サイクルで説明している。このモデルは，近年の学校経営において積極的に導入されている PDCA サイクルよりも，協働的な関係性に基づいた教師の知識構築プロセスが明確に組み込まれている点が特徴的である。

　図7-1の学習サイクルは以下のとおりである。

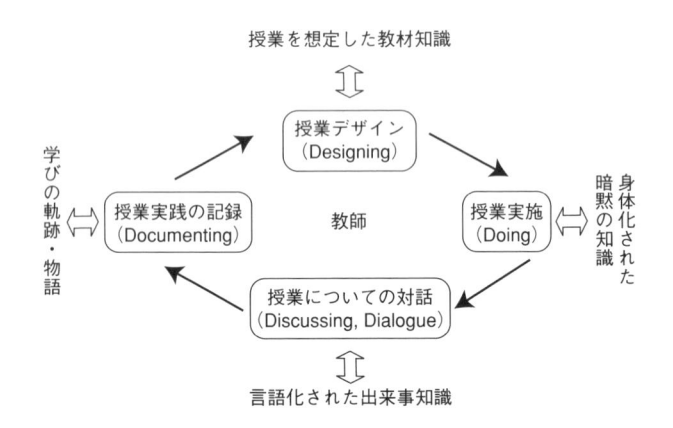

図7-1　同僚との授業研究からの学習サイクル（秋田，2006，p.204 を改変）

①授業デザイン：学習指導の方法や学習者のわかり方など，授業を想定した教材の知識に基づいて授業をデザインする。またそれを同僚の教師に語り聴きあいながら自らの実践に関する知見を豊かにする。
②授業実施：同僚に授業を見てもらう，見せてもらうことで，言語化できない身体知（授業のリズムや息づかいなど）を五感で感じとり共有する。
③授業についての対話：授業後の授業検討会において生徒の学習過程や教室での出来事を言語化して語りあうことで，学習にかかわる新たな出来事の知識を相互に培う。
④授業実践の記録：自らの実践や生徒の学習過程を記録し，他者にも実践記録を読みあってもらうことで，1時間の授業だけでは得られない生徒たちの学習の軌跡や物語を考え，学習や授業の原理を引き出す。

2．組織的知識創造のプロセスとしての授業研究

このようなプロセスで展開される授業研究は，教師集団の協働的な関係性によって支えられているし，その学校のビジョンや教育目標と有機的に結びついて推進されてこそ組織のダイナミズム（力動性）を生み出す。そのため，授業研究では，教師個人の専門的な力量の向上だけでなく，教師集団の同僚性や組織学習のあり方，さらには学校づくりのあり方についても省察の射程に入ってくるのである（松木，2008）。

そこで，授業研究によって学校の組織力を高めるプロセスを集団的・組織的な活動として理解するために，野中ら（野中・紺野，2003）の組織的知識創造の理論に注目する。組織的知識創造の理論とは，暗黙知と形式知の相互循環による知識創造を基本として，個人だけでなく，組織全体で継続的・体系的に知識創造を行ない，製品やサービスに具体化していく組織の能力を説明する理論である。

この理論によれば，組織的知識創造の本質は，暗黙知と形式知の相互作用による知識創造にある（図7-2）。先の図7-1に照らせば，授業研究は，同僚教師との協働経験を通じた学習サイクルによって，多様な暗黙知（身体化された暗黙の知識，授業を想定した教材知識）と形式知（言語化された出来事知識，学びの軌跡・物語）が獲得，創造，活用，蓄積され，相互循環しながらその質を

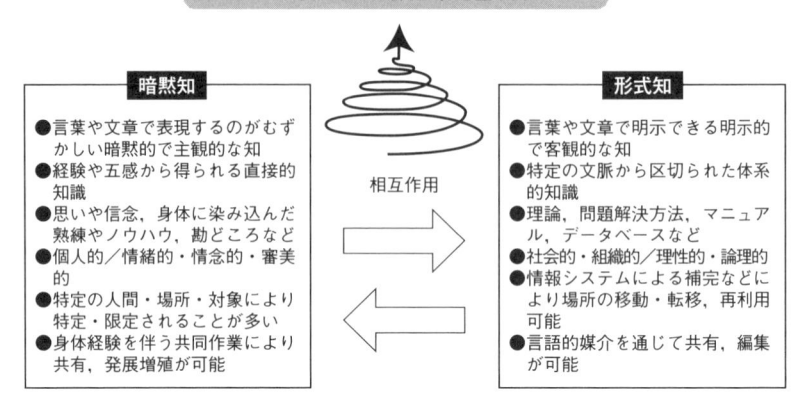

図7-2 暗黙知と形式知のスパイラル（野中・勝見，2004，p.42）

暗黙知と形式知は相互に作用し，スパイラルに回りながら新しい知を生み出していく

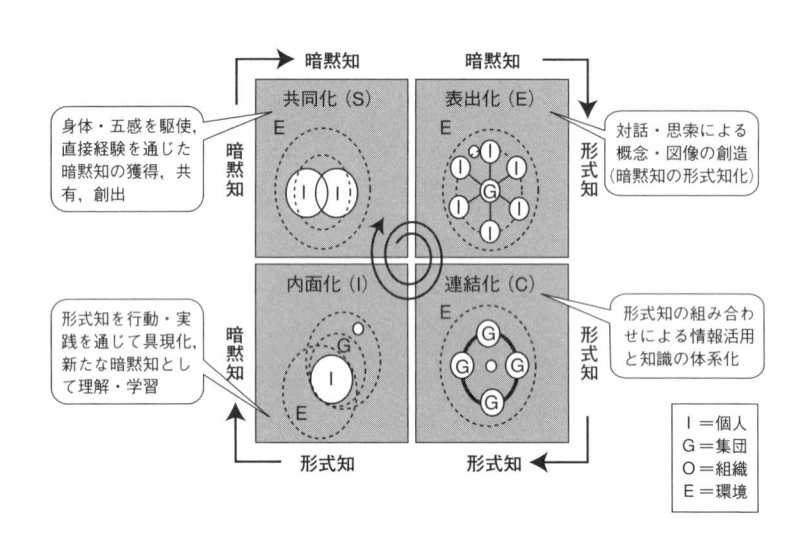

暗黙知
- 言葉や文章で表現するのがむずかしい暗黙的で主観的な知
- 経験や五感から得られる直接的知識
- 思いや信念，身体に染み込んだ熟練やノウハウ，勘どころなど
- 個人的／情緒的・情念的・審美的
- 特定の人間・場所・対象により特定・限定されることが多い
- 身体経験を伴う共同作業により共有，発展増殖が可能

形式知
- 言葉や文章で明示できる明示的で客観的な知
- 特定の文脈から区切られた体系的知識
- 理論，問題解決方法，マニュアル，データベースなど
- 社会的・組織的／理性的・論理的
- 情報システムによる補完などにより場所の移動・転移，再利用可能
- 言語的媒体を通じて共有，編集が可能

相互作用

図7-3 SECIモデル（野中・紺野，2003，p.57）

- **共同化（S）**：身体・五感を駆使，直接経験を通じた暗黙知の獲得，共有，創出（暗黙知→暗黙知）
- **表出化（E）**：対話・思索による概念・図像の創造（暗黙知の形式知化）（暗黙知→形式知）
- **連結化（C）**：形式知の組み合わせによる情報活用と知識の体系化（形式知→形式知）
- **内面化（I）**：形式知を行動・実践を通じて具現化，新たな暗黙知として理解・学習（形式知→暗黙知）

I＝個人
G＝集団
O＝組織
E＝環境

高めるスパイラルを形成しているものと理解できる。

　暗黙知と形式知の組み合わせから，共同化，表出化，連結化，内面化という4つの知識創造の形態が想定される（図7-3）。

　共同化は，徒弟制やOJT（On the Job Training）に典型的にみられるように，観察や模倣，共通の経験や体感によって暗黙知を獲得，共有，増幅するプロセスである。表出化は，コミュニティ成員間での対話や集団的省察を媒介として，思いやイメージなどの暗黙知をより高い理念やビジョンと結びつけながらことばやコンセプトへと磨き上げるプロセスである。連結化は，さまざまな形式知を体系的に結びつけることによって新たな形式知を獲得・統合して精緻化していくプロセスである。内面化は，「行動による学習」を通じて形式知を自分自身のスキルとして取り入れ，暗黙知へと身体化していくプロセスである。この4つの知識変換モードを通じて，個人，集団，組織の各レベルで知識が次つぎに創造され増幅していく知識スパイラルが起こるプロセス全体を「組織的知識創造」とよぶ。

　組織的知識創造の理論からみれば，授業研究は，授業者自身が授業実践についての暗黙の前提を問い直して力量形成を促す機会となるだけでなく，授業についての暗黙知（意味や課題）を参加者で共有しあう活動である（共同化）。授業参観後の検討会では，対話や議論によって授業に関する知見や気づきを言語化して（表出化），それらを参加者どうしで共有しあい（連結化），後の授業実践に活用していく（内面化）。授業研究で得られた知見や改善点は，その学校の教師たちが共有できる資源として蓄積されていき，持続的・長期的に学校全体の教育力を豊かにしていく。

　授業研究は，集団的・組織的な知識の構築や創造のプロセスを継続的に展開するための「場」や「文脈」を学校全体として積極的につくり出し，教師どうしの学習の質や関係性の質を深めていくための重要な活動として理解できよう。

●●● 引用・参考文献
秋田喜代美・ルイス，C.（編）　2008　授業の研究　教師の学習―レッスンスタディへのいざない―　明石書店
秋田喜代美　2006　教師の力量形成―協働的な知識構築と同僚性形成の場としての授

業研究―　21世紀COEプログラム東京大学大学院教育学研究科基礎学力研究開発センター（編）　日本の教育と基礎学力―危機の構図と改革への展望―　明石書店　Pp.191-208.

DIAMONDハーバード・ビジネスレビュー編集部（編訳）　2006　組織能力の経営論―学び続ける企業のベスト・プラクティス―　ダイヤモンド社

野中郁次郎・勝見　明　2004　イノベーションの本質　日経BP社

野中郁次郎・紺野　登　2003　知識創造の方法論―ナレッジワーカーの作法―　東洋経済新報社

松木健一　2008　学校を変えるロングスパンの授業研究の創造　秋田喜代美・ルイス，C.（編）　授業の研究　教師の学習―レッスンスタディへのいざない―　明石書店　Pp.186-201.

OECD/CERI　2000　*Knowledge Management in the Learning Society.* Paris: Organisation for Economic Co-operation and Development.

佐古秀一　2007　民間的経営理念および手法の導入・浸透と教育経営―教育経営研究の課題構築に向けて―　日本教育経営学会紀要，49, 37-49.

8章 学校の組織マネジメントに関する理論の展開

●●● 曽余田浩史

　学校の組織マネジメントに関する理論は，一般経営学の成果を取り入れながら，社会状況の変化に対応して，「学校という組織はどうすればうまく機能するか」の知見を修正しつつ積み重ねて発展してきた。本章では，その理論の展開を4つの局面（効率性・合理性の追求，人間性の追求，社会的価値の追求，省察と対話の追求）に区分してたどってみよう（図8-1）。

1節　効率性・合理性の追求――科学的管理法

1．成り行き管理からの脱却

　組織マネジメントの理論は効率性・合理性の追求から始まった。効率性とは，最小のインプット（人，物，金，時間，エネルギー等）で最大の成果を得ることである。その代表的な理論は科学的管理法である。これは20世紀初頭に米国のTayler, F. W. によって考案された工場の作業管理の手法である。
　科学的管理法は，それ以前の経営のあり方を「成り行き管理」と批判して生

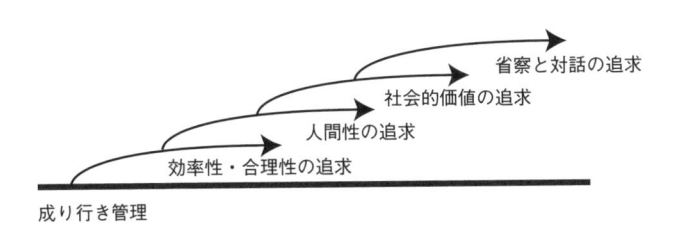

図8-1　学校の組織マネジメントの理論の展開

まれた。成り行き管理とは，管理者の経験や勘に基づく場当たり的な経営である。仕事のやり方は各々の作業者の熟練にゆだねられており，自己流で目分量的なやり方であった。そこでは，作業者の怠業が蔓延していた。

わが国の学校経営においても，成り行き管理への批判はしばしば行なわれてきた。たとえば，ベクトルが合っていない（めざす方向が明確でない），単年度行事遂行型組織で先を見据えた仕事をしてない，連携・協調・協働・リーダーシップなどの仕事の仕方が苦手，情報が不足して思考の幅が狭い，などである（山代，2004）。また，「教師一人ひとりが頑張れば学校はよくなる」「現状はこうなのだからしかたがない」という思考も成り行き管理の発想である。

Taylerは，作業者が何をどれだけなすべきかが明確化されていないことが問題だと考えた。そこで，「ある特定の仕事をするには常に唯一最善の方法がある」「この最善の方法は科学的研究を通してのみ決定されることができる」（Callahan, 1962）という信念のもと，作業を最も効率的に実施できる方法と一日の公正な作業量を定めた。工場の生産活動を要素的単位にまで分解し，科学的に分析し標準化したうえで，効率的・合理的な生産ラインに再構成することをめざしたのである。ここには，「何かをやるときに，それまで常識とされてきた方法が最もよい方法だと思ってはならない。仕事を決まりきったものだと思ってはならない」（Magretta, 2002）という精神が存在する。この精神は，以降のマネジメントの基礎となっている。

2．科学的管理法のメカニズム

科学的管理法のメカニズムとして重要なのは次の4点である。
① 課業（task）管理：各種の仕事の要素ごとに，一流の作業者が行なう動作をストップウオッチで測定し（動作研究・時間研究），一番よい動作や作業用具を明らかにしたうえで，作業者一日あたりの標準作業量（＝課業）を設定した。
② 差別出来高給制：標準以上に働くと高い賃金率，以下だと低い賃金率を適用し，作業者を金銭的報酬によって動機づけようとした。
③ 計画（Plan）と実施（Do）の分離：成り行き管理の時代にはあいまいであったマネジメントと作業者の仕事・責任を明確に区別した。管理者は作

業の計画立案（Plan）と評価（Check），監督に携わる。他方，作業者は計画の実施（Do）のみに携わる。つまり，管理者は頭脳，作業者はその手足として位置づけた。

④教育・訓練：成り行き管理では，仕事のやり方は個々の作業者の経験と勘による熟練にゆだねられていた。しかし科学的管理法では，考案された作業方法や作業用具で作業者たちが仕事ができるように，作業者に対する教育・訓練を行なうことは管理者の責任であると位置づけられた。

3. 合理化と学校の組織的特性

　科学的管理法は科学的管理運動にまで発展し，近代工業の発展や大量生産を可能にした。さらに，この運動は産業界だけでなく教育の世界にも広がり，20世紀の初頭から30年代にかけて，学校も効率的に経営されるべきだという要求や提案がさかんになされた。当時の代表的な教育学者であり，科学的管理法の支持者であったCubberley, E. P. は次のように述べている。

　　ある意味でわれわれの学校は，原料（子どもたち）がいろいろな生活の要求に見合うように，製品に製造したり仕上げたりする工場である。製造業の設計書は20世紀の文明の要求から生じている。すでに書かれた設計書に従ってその生徒たちを育てていくのが学校の仕事である。これが，立派な道具，専門化した機構，それが設計書に見合っているかどうかを見るための製品の絶え間ない評価，生産における浪費の排除，生産品の大なる多様性を要求する。

(Callahan, 1962)

　このような考えのもと，生徒の学業達成を測定する標準化されたテストや学校調査がさかんに開発・使用され，なされるべき仕事や課題，到達されるべき標準，採用されるべき方法が教師たち（作業者）に示された。ここでは，学校という組織は合理化・効率化によってよりよく機能すると考えられている。すなわち，まず学校の目的を明確に設定し，それを測定可能な下位目標に具現化する。次いで，その目標の達成に向けて計画を立て，役割と責任を階層化・構造化する。そして，直接的かつ明示的な指示や規則によって教師たちの活動を調整・コントロールし，目標の達成度を評価する。

しかし当然のことながら，学校という組織を工場のように合理化するのは困難な面がある。工場では，原料を仕入れる際や製品の出荷の際に，厳密な品質管理が行なわれ，規格に合わない不良品は廃棄処分にされる。他方，学校が扱うのは人間であり，人格や人権をもつ存在である。生徒たちはそれぞれ成育史や家庭背景などが異なり，多様な学習スタイルや態度を身につけて学校にやってくる。学校はどんな子どもも受け入れなければならないし，規格に合わない個性も尊重しなければならない。また，何がよい教育なのかその考えは多様であり，教育の目的自体があいまい性や価値葛藤をはらんでいる。それゆえ，教育という仕事を定型労働として合理化・標準化することはむずかしく，児童・生徒の個別具体的な状況に応じて教師が自律的に判断する一定の自由裁量が必要である。これは専門的判断を尊重する専門職の論理によって支えられる。

2 節　人間性の追求

1．人間関係論―ホーソン実験

効率性や合理性を追求する科学的管理法は人間を，標準化された課業を遂行する交換可能で受動的な存在，そしてもっぱら経済的刺激（賃金誘因）によって動機づけられる存在（ホモ・エコノミクス）とみていた。しかし1920年代以降，人間関係論によって，このような人間観はあまりにも単純で機械的だと批判の眼が向けられ，働く者の人間性に光が当てられていく。

人間関係論の出発点となったのは，シカゴのウェスタン・エレクトリック社のホーソン工場で行なわれた「ホーソン実験」である。この実験に先立ち，ホーソン工場では，照明などの物理的環境が作業効率にどのように影響するかを調べる照明実験が行なわれた。照明を明るくすれば作業効率が上がるという予想のもと，照明度を変化させるテスト集団と照明度を一定にするコントロール集団を比較して実験した。すると，照明度が増すにつれてテスト集団は作業効率が予想どおり上がったが，照明度の変化のなかったコントロール集団も作業効率が上がった。さらに，照明が暗くなったときでさえも，作業効率は上がり続けた。ホーソン工場ではこの結果の理解に苦しみ，ハーバード大学のMayoらを招いて，作業効率に対する物理的条件の影響を調べることとなった。そし

て，リレー組立実験などの一連の実験の結果，Mayo（1933）らは次の重要性を見いだした。

- 精神的報酬による内発的な動機づけ：作業者たちは実験関係者から注目されることにより，実験プロジェクトへの参加意識が芽ばえて，自分たちは重要な存在なのだと意識していた。
- インフォーマル集団：作業者たちはばらばらな個人の群れではなく，気持ちの通いあった団結する集団となっていた。
- 監督者の態度やスタイル：監視に終始する従来の監督者と異なり，作業者をよく理解しようとし，信頼して参画を促していた。

　人間関係論以降，人間性の問題はマネジメントの理論にとって看過しえないものとなり，動機づけ（モチベーション），士気（モラール），参加・参画，組織風土，組織文化などの知見を発展させていく。

2. 目標管理

　人間関係論は，組織で働く人々の動機づけについて職場の雰囲気やインフォーマルな人間関係の重要性を強調した。だがその後，人は仕事そのものによって動機づけられ，仕事を通じた自己実現をめざして成長するという考えが現われる。その代表的なものが，経営学者 McGregor, D. の X 理論と Y 理論である。2つの理論は，管理者たちがどのような人間観（暗黙の仮定）に立って人材を管理しているかを明示したものである。X 理論は「人間は本来，怠け者である」という人間観に立ち，「人はアメとムチで外からコントロールしないと動かない」と考える。科学的管理法は X 理論に立つ。一方，Y 理論は「人間は本来，責任，貢献，成果を欲する存在である」という人間観に立ち，「条件や環境が整えば人は自ら進んで仕事をする」と考える。

　X 理論と Y 理論の区別は，学校評価と教員評価（自己申告）を結びつける手法として導入された「目標管理」（図8-2）を運用する際に重要である。目標管理は正式には「目標とセルフ・コントロールによるマネジメント」といい，Y 理論に基づく手法である。この反対は，X 理論に基づいた「指示・命令によるマネジメント」である。X 理論に基づいて目標管理を運用すると，ノルマ管理に変質してしまう。

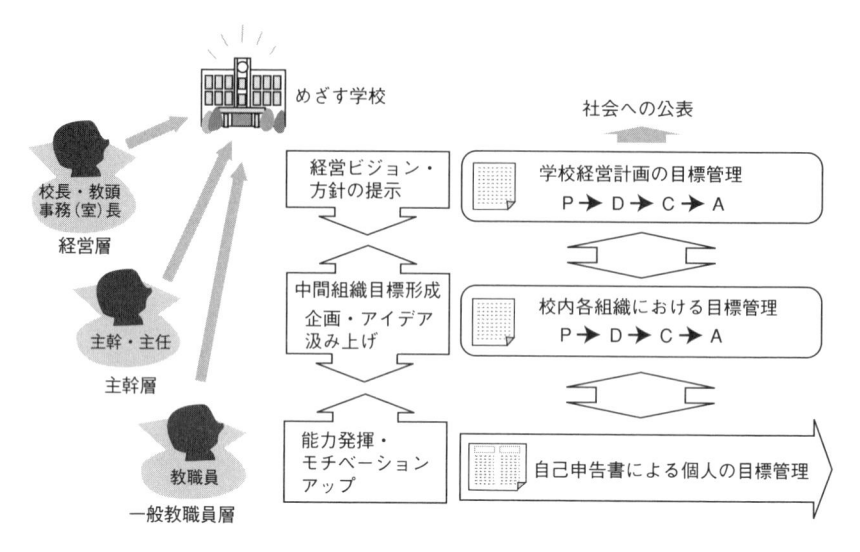

図 8-2　目標管理（東京都教育委員会，2003）

　目標管理は「ひとりひとりの強みをできるかぎり引き出してその責任範囲を広げ，全員のビジョンと努力を同じ方向へ導き，協力体制を築き，個と全体の目標を調和させる」（Drucker, 1973）という考えの上に成り立つ。つまり，組織全体の目標と個人（教師）の自己実現欲求との調和・統合によって学校組織はうまく機能すると考えられている。ここでのポイントは次の2点である。

①組織目標と個人目標の調和・統合：この点の理解には，目標管理の提唱者であるDrucker（1973）が引用する「3人の石切り職人」の逸話が参考になる。3人の石切り職人に「何をしているのか？」と聞くと，それぞれ「生活の糧を稼いでいる」「この国で最高の石切り職人としての仕事をしている」「大聖堂をつくっているのです」と答えた。教育の世界に置き換えると，1番目の職人はデモシカ教師かもしれない。2番目の職人は職人気質であり，専門職として自分の仕事（教科指導や学級経営など）に誇りをもっている。しかし，自らの技能そのものを目的化しており，組織（学校）の目標との関連性を見失っている。目標管理が求めるのは，組織目標との関連で自分が何をしているのかを理解する3番目の石切り職人である。

②セルフ・コントロール：科学的管理法は計画（Plan）と実施（Do）を分

離し，実施のみを教師（作業者）の役割とした。しかし，目標管理では，各々の教師は，学校の組織目標を意識しながら，計画（Plan）の段階で自己申告により自分の目標を設定し，実施（Do）の段階で各自が創意工夫をこらした活動を行ない，評価（Check）の段階でもまずは自己評価を行なう。人は自らの頭で考えることに積極的に関与しないかぎり，当事者意識や責任意識をもって仕事をすることはむずかしい。セルフ・コントロールであるがゆえに，個人の内発的な動機づけや責任感の醸成，自己省察をとおしての能力開発につなげていくことができる。

ただし，セルフ・コントロールは自由放任ということではない。管理職の役割は，教師の内発的なモチベーションや潜在的な力を引き出すことを念頭に置いて，指導助言的なコミュニケーションや環境づくりをすることである。環境づくりが伴ってこそ，教師のセルフ・コントロールは可能となる。

3 節　社会的価値の追求

1. 視点の転換―内側から外側へ

価値観の安定した環境では，学校の存在価値は自明のものであった。それゆえ，マネジメント上の関心は，「設定した目標をいかに効率的に達成するか」「組織目標と個人の自己実現欲求をいかに調和させるか」という組織内の問題に向かうだけでよかった。しかし，価値観の多様化した今日の変動的環境では，学校の正統性や専門家への信頼は揺らいでいる。そこでは「この学校は児童・生徒にとって，社会にとって価値があるのか」という自らの存在価値を示すことがマネジメント上の新たな関心事となる。

企業の場合，価値観の多様化した社会では「製造側中心の発想」でモノをつくっても売れなくなり，「顧客は何を欲しているのか，顧客にとって価値あることは何か」を引き出す「マーケティングの発想」へと転換した（Magretta, 2002）。これと同様の視点の転換が教育や学校の世界でも求められている。たとえば，「学校に組織マネジメントの発想を取り入れる」と提言した教育改革国民会議「教育を変える17の提案」（2000（平成12）年12月）は，「教える

側の論理が中心となった閉鎖的，独善的な運営から，教育を受ける側である親や子どもの求める質の高い教育の提供へと転換しなければならない」と指摘している。

こうした環境に対応したマネジメントの理論がDrucker（1990）の"*Managing The Non-Profit Organization*（『非営利組織の経営』）"である。彼によれば，「組織」というものは目的のために存在し，その目的や成果は常に組織の内側ではなく外側にある。企業は顧客のニーズや価値を充たすために存在する。学校などの非営利組織は人と社会の変革のために存在する。組織の価値は，組織内の視点ではなく，外側からの視点によって決まるのである。この点が，内側のメンバーの幸せや都合だけを重視すればよい家族や仲間集団と根本的に異なるところである。組織が自らの目的を忘れて「内向き」になるとき，その組織は独りよがりになる。

2．ミッションとアウトカム

学校などの非営利組織は「内向き」になりやすい組織である。企業の場合，お金を払う顧客からの明確なフィードバックがあり，利潤という客観的な物差しが存在する。それゆえ，顧客の目をとおして外側から内側をみることができる。しかし，非営利組織の場合，顧客からの明確なフィードバックは存在しない。また，「自分たちがやっていることはすべて倫理的な運動であり，成果が出ようが出まいが追求すべきである」という誘惑にかられやすい（Drucker, 1990）。したがって，非営利組織こそ，「内向き」にならないよう外側からの視点が重要である。そのための中核概念がミッションとアウトカムである。

・ミッション（使命）：学校にとってのミッションは「われわれは何のために存在するのか，児童・生徒にとって，社会にとってどういう価値があるのか」を表現する概念である。学校はミッションを自らに課し，それをとおして外側から内側をみる。と同時に，学校の諸活動に方向性を与え，教師など学校関係者にとっての判断や行動の拠りどころとする。学校などの非営利組織が，顧客ではなく，ミッションを舵取り役とする理由は，顧客のニーズ充足に身をゆだねると，組織を迷走させる危険性があるからである（Magretta, 2002）。

・アウトカム（成果）：従来の学校経営では、「生徒たちにいかにうまく学ばせるかということよりも、教師たちにいかにうまく教えさせるかということを重視してきた」(Drucker, 1990)。そこには児童・生徒は作用を受ける対象（原料や製品）であって、自ら作用するものではないという前提があった。これに対し、アウトカムは、教師や学校の取り組み（＝アウトプット）により、生徒たちがいかに学んだかを示す概念である。アウトカムの評価によって、教える側中心の発想から学ぶ側起点の発想へと転換するのである。

4 節　省察と対話の追求

先述したように、学校の正当性や専門家への信頼は揺らいでいる。Schön (1983) は、専門職への信頼の危機の様相を次のようにとらえる。

> 専門家の実践が変化する位相において、実践者が研究に基づく理論と技法を有効に使用できる高地がある。また、技術的解決が不可能なほどに状況が「めちゃくちゃ」に混乱しぬかるんだ低地もある。問題の難しさは次の点にある。技術的関心がいかに大きくても、高地の問題はクライアントやより広い社会にとってあまり重要でないことが比較的多く、一方泥沼の方には人間の最大の関心事がある。実践者は…高地にとどまるべきだろうか。…あるいは…泥沼へと降りていくべきだろうか。　　　　　(Schön, 1983；…は筆者追加)

学校の組織マネジメントも同様の状況にある。学校や教育関係機関のみに通用する理屈ややり方で閉じてしまうような高地にとどまる学校づくりをするのか、それとも、価値の葛藤に満ちたぬかるんだ低地に降りて児童・生徒や地域社会にとって価値のある開かれた学校づくりをするのかが問われている。この低地を進むのにふさわしい組織マネジメントの理論として、Argyris, C. と Schön の組織学習論があげられる。彼らの理論は「為すことによって学ぶ (learning by doing)」を説いた Dewey, J. の探求の理論を組織論に適用したものである。

Argyris（1999）らによれば，期待した結果と行為した結果の不一致を発見しそれを修正するプロセスが学習である（図8-3）。組織学習には2つのタイプがある。一つは，「どうすれば問題を解決できるか，設定された目的をスムーズに達成できるか」と，組織の既存の価値を自明視したまま行為を変えることで不一致を修正するシングル・ループ学習である。もう一つは，価値そのものの妥当性を吟味し再構成することで不一致を修正するダブル・ループ学習である。ここでいう価値とは，組織が公的に掲げたり組織成員が信奉する次元ではなく，実際に組織成員の行為に内在して機能している次元の価値である。

　彼らは2つの学習の違いをサーモスタットにたとえて説明する。摂氏20度に設定されたサーモスタットは，「暑すぎ」「寒すぎ」の室温状況を発見すると，ヒーターのスイッチを'オフ''オン'にして，室温を修正する。これがシングル・ループ学習である。これに対し，このサーモスタットが「なぜ摂氏20度でセットされているのか」と自らに問いかけ，本当は20度でないほうがより経済的に適切な室温を保てるのではないかと探究していく。これがダブル・ループ学習である。組織にとって2つの学習とも必要なものであるが，後者の学習のほうがより深いものである。

　シングル・ループ学習は，自らの価値を吟味せず，外的環境の問題を発見し，それに対応する。この学習のみが横行する組織は，環境や他者を一方的にコントロールしようとし，自己防衛的になりがちである（生徒や保護者が悪い，だからどう対応するか，等々）。これに対し，ダブル・ループ学習は，自らの先入観や態度を問い，実践を計画し遂行する際に自分たちがどのように事物を認識しているか，どのように思考しているかを省察する。それは，学校と児童・

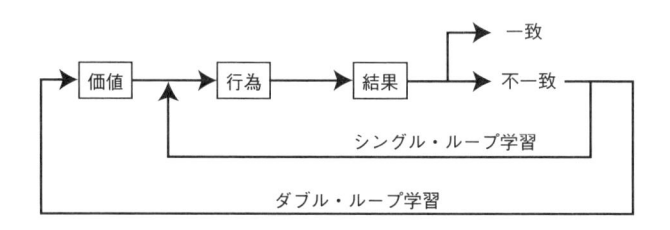

図8-3　シングル・ループ学習とダブル・ループ学習（Argyris, 1999 を一部改変）

生徒，保護者，地域とのオープンな対話をとおして相互に学習しながら，協働的に新たな価値や状況をつくり出す。ダブル・ループ学習を行なうスタンスをもった学校づくりが，これからの組織マネジメントの課題である。

●●● 引用・参考文献

Argyris, C. 1999 *On organizational learning 2nd ed.* Malden, MA.: Blackwell Business.

Callahan, R. 1962 *Education and the Cult of Efficiency.* Chicago: The University of Chicago Press. 中谷 彪（訳） 1996 教育と能率の崇拝 教育開発研究社

Drucker, P. F. 1973 *Management.* New York: Harper Collins Publishers. 有賀裕子（訳） 2008 マネジメント―務め，責任，実践Ⅲ― 日経BP社

Drucker, P. F. 1990 *Managing The Non-Profit Organization: practices and principles.* New York: Harper Business Publishing. 上田惇生・田代正美（訳） 1991 非営利組織の経営 ダイヤモンド社

Magretta, J. 2002 *What Management is: how it works and why it's everyone's business.* New York: The Free Press. 山内あゆ子（訳） 2003 なぜマネジメントなのか ソフトバンクパブリッシング

Mayo, E. 1933 *The Human Problems of an Industrialized Civilization.* New York: MacMillan. 村本栄一（訳） 1967 新訳・産業文明における人間問題 日本能率協会

McGregor, D. 1960 *The human side of enterprise.* New York: McGraw Hill. 高橋達男（訳） 1982 企業の人間的側面―統合と自己統制による経営― 産業能率大学出版部

Schön, D. 1983 *The Reflective Practitioner: How Professionals Think in Action.* New York: Basic Books. 佐藤 学・秋田喜代美（訳） 2001 専門家の知恵―反省的実践家は行為しながら考える― ゆみる出版

東京都教育委員会 2003 都立学校評価システム確立検討委員会一次報告―都立学校の自己評価の確立に向けて―

山代猛博 2004 民間の視点からの学校改革 中央教育審議会初等中等教育分科会学校の組織運営に関する作業部会（第2回）配布資料

第III部

地域教育経営

9章 生涯学習社会における地域教育経営

●●● 安原一樹

　今日の生涯学習施策は「多角的，多元的」ということと緊縮型財政のもとで経営的努力を推進することが特徴である。教育委員会の社会教育部局（「生涯学習」部局）が中心となって提供してきた従来型の学習機会よりも，さまざまな行政部局が多様な学習の機会を準備し，高齢化社会への対応，子育て支援施策，学校における生涯学習の視点などを取り入れ，より効率的かつ総合的な地域教育経営を模索しつつある。本章では，地方自治体が展開している多角的な施策を紹介するとともに，地域における生涯学習社会化を志向する教育施策の経営的課題を概観していく。

1節　地方自治体にみる地域教育経営としての生涯学習施策

1．学習機会の拡大

　1980年代より生涯学習振興としての行政施策は社会教育振興を起点としてきた。今日ではより広範な行政施策として，また，地域における教育経営の営為として，高齢者福祉，労働者余暇振興，地域興しなど，他のさまざまな行政施策と関連づけられながら展開されている。

　たとえば，兵庫県においては，生涯学習振興の施策の第一に，「学びと実践が一体となった生涯学習施策の推進」が謳われている。これは，さまざまな世代にわたる学習者が自ら学んだ成果を「持ち寄り，ふれあい，学びあい，実践する」ことを通じて，少子高齢化が急速に進展する地域社会の活性化を企図していると理解でき，社会教育事業の弱点といわれてきた学習の起点と成果を問

うものである。とりわけ，兵庫県のさまざまな部局が実施している学習支援策に，「総合的に」という文言が謳われていることが今日的特徴であろう。
　人口が密集する都市圏（阪神地区，神戸地区，加古川・姫路地区）と過疎地（但馬地域，淡路地域）を抱える兵庫県にあっては，県民の学習活動を支援する諸施策を住民生活のさまざまな側面にかかわる行政施策との絡みで総合的に推進することが求められている。
　また，施策の総合的な推進をバックアップし，県民の生涯学習の拠点として県庁県民政策部文化局生活創造課が所管する「生涯学習情報プラザ」が設置されている。これはJR神戸駅すぐの神戸クリスタルタワー・ハーバーランド庁舎内（神戸県民局神戸生活創造センター）に設置されており，県民の広範囲な地域からのアクセスが容易である。具体的な事業としては，「県内の学習機関の連携のもとで，県民への学習情報の提供や学習相談などのアドバイス機能」に重点を置き，学習グループや学習指導者の育成機能などの全県的な学習支援拠点機能を有するセンターとして機能している。特に，最近では学習者どうし（個人およびグループ）の交流といった従来型の利用方法はもとより，利用者からの要望に呼応する形で，「資格取得に関する情報」提供を重視している。
　具体的な例としては「ひょうごインターキャンパス」として，次のものがある。
- ふるさとひょうご創生塾：魅力ある「リーダーシップ」をもった，ふるさとづくりの「新しい地域リーダー」育成を企図し，基礎的な知識や技能の習得にとどまらず，地域での実践の場で応用できる力を身につける場として開設されている。
- 生活創造大学：現県政の基本的施策キーワードである，地域づくりに取り組む「参画と協働」の担い手を育成するために，地域の多様な実情に合わせた柔軟なカリキュラムを構想し，新しいライフスタイルの創造を支援する多様な学習機会を提供している。

　21世紀を目前に控えた当時において，また，未曾有の大震災を乗り越えるべく，地域住民の結束と相互扶助を基底とする人的ネットワークの構築を企図していたといえる。
　さらに，生活創造センターなど地域の生活創造活動・生涯学習の拠点におい

ては，県民どうしが協働し，自ら考える形で，「豊かな地域の創造」等に係るテーマで，個人やグループで企画・運営する各種講座の開設を支援している。

たとえば「地域創造市民塾自主企画講座」の募集では，「応募資格」「講座の要件」「講座の対象者」「1講座あたりの回数・時間数」などの要件のほか，「会場」「講師」「受講料」「受講生の定員・講座開催期間等」について規定されている。さらに，講座の運営，受講生の募集，講座の運営をバックアップし，最後に「実績報告」として，講座終了後15日以内に「地域創造市民塾実施報告書」の提出が義務づけられている。

こうした方法は，戦後すぐに再構築された社会教育講座において，さまざまに企図されながらも，学校教育型「うけたまわり学習」を脱却し得ずに今日にいたってきた「成人教育講座」の質的充実を図ったものである。

また，本格的な高齢社会を迎えるなか，高齢者の社会参加と生きがいづくりを推進するため，「いなみ野学園」や「阪神シニアカレッジ」，「地域高齢者大学」など県内7地域で高齢者大学を開設し，高齢者の生涯学習やスポーツ活動，社会貢献活動などを支援している。

兵庫県「いなみ野学園」は，広域的な高齢者大学の「老舗」の位置づけがなされているものであり，全国に先駆けて高齢者学習の専用施設として，1969年に，いなみ野学園高齢者大学講座として創設された。

学園には，「健康福祉科」「文化科」「園芸科」「陶芸科」の4つの専門学科が設置され，全員共通の教養講座と，それぞれの専門講座を学習するカリキュラム構成となっている。そして，園芸学科には園芸作物などの生産実習があり，陶芸学科には，作陶実習があるように，この学園は，いわば学校教育と社会教育のよさを取り入れたユニークな高齢者学習のセンターとして全国的に高い評価を得ている。学園の運営は，「財団法人兵庫県高齢者生きがい創造協会」が県の助成（補助金）を受けて実施しており，講義ならびに実習指導には専任職員が配置され，講座や教室の講師として県内ならびに阪神間の有識者・著名人が委嘱されている。

登校日は週に1日，教養科目と専門科目を学習する。専門科目は，地域活動指導者養成講座に健康福祉，地域環境の2系群があり，高齢者大学講座には，上記4学科が，大学院には，地域づくり研究科，生きがい創造研究科が設置さ

れている。

2. 今後の方向性

　今後の課題としては，21世紀を迎え，変容する社会のなかで，逐年増加する高齢者が，「どうすれば自分の能力を開発し，社会活動をして生きがいを覚え，充実した生活をおくることができるか」という緊急かつ切実な問題に対処していくことである。こうした学習成果に対する評価を高齢者の学習機会において，組織的に位置づけてきたことは特筆すべきことである。
　なお，「地域活動指導者養成講座」は，健康や福祉，社会教育活動などの地域の指導者を養成するための講座で，県内の市町長と自治会やボランティア団体など各団体の長から推薦された高齢者が学習している。また，大学院は，県立の高齢者大学等を卒業した人が対象となっている。こうしたいわば学習の入口と出口の問題を見据えた試みがより組織的になされることが必要である。

2節　生涯学習支援のための基盤づくりの拡充

　今日の人々の生涯学習が活性化するかどうか，それはまさに学習情報の量的および質的な有り様およびその情報伝達の手段構築にかかっており，そのこと自体が推進の経営的課題である。兵庫県においてはそうした全県的な拠点として「生涯学習情報プラザ」が運営されている。県民政策部県民文化局生活創造課が所管するこのセクションでは，広く学習に関する情報提供から個々人の学習ニーズに対応した支援を多角的に行なっている。
　具体的な事業として「ひょうごインターキャンパス」（情報の宝庫），「ふるさとひょうご創生塾」（地域づくりのために），「生活創造大学」（生活を豊かにするために），「生活創造活動プランナー養成講座」（地域づくりのキーパーソンへ），「生涯学習講師団」（教える人を紹介），「生涯学習リーダーバンク」（活動を支援する人材リスト）が実施されている。
　たとえば，〈ひょうごインターネットフォーラム〉において，県民の多彩な学習機会を提供するため，県が実施する各種講座やシンポジウム・講演会等の内容を収録・編集し，「ひょうごインターキャンパス」を通じて，動画・音声

およびテキストファイルによる，情報発信がなされている。とりわけ，パソコン操作に不慣れだと思われる住民に対しては，パソコンの画面上でさまざまな構成的工夫を施すことによってアクセスのしやすさを追求している。

また，「生涯学習リーダーバンク」においては，自らの学習によって得た知識や技能を生かして，学習グループ等の活動を支援することを希望する人を公募し，登録している。

そして，「生涯学習講師団」が，県民の主体的な学習活動を支援するため，広範囲の地域にわたる学職経験者や専門家等で組織され，「地球創造市民塾」の自主企画講座等に講師派遣が行なわれている。

さらに，県民の学習活動を支援するとともに，県内の関係機関・団体等で構成する生涯学習ネットワークづくりが進められている。そして，生涯学習の総合調整機能を果たすために全庁的な連携のもとに，施策の企画や連絡調整を行なう以下のような組織，機能が整えられている。

・生涯学習審議会の運営：生涯学習に資する施策の総合的な推進に関する重要事項の調査・審議を行なう。
・生涯学習支援ネットワークの推進：兵庫県生涯学習審議会の提言を具体化するため，県の生涯学習システムづくりを推進する仕組みとなる生涯学習支援ネットワークづくりを進展させる。
・ひょうごインターネットフォーラムの展開：成熟社会にふさわしいライフスタイルの創造をめざす県民の主体的な学びを支援するため，生涯学習情報プラザでは，地域づくり活動の核となる人材の養成および専門的な学習機会の提供をはじめ，県民が企画・運営する講座の開設支援等が実施されている。

　また，前述のように，さまざまなメディアをとおした情報発信がなされ，さらなる地域での展開に寄与している。

3 節　神戸市における学校経営にかかわる地域教育経営推進策

1.「特色ある神戸の教育推進アクティブプラン」策定の経緯

　神戸市教育委員会では，特色ある神戸の教育（学校教育）を推進するため，2003年4月に初めて「アクティブプラン」と称する基本計画を策定した。

　この年は，阪神淡路大震災から10年目にあたり，アクティブプランを通じて神戸における教育の復興と新たな教育創造をめざし，子どもの基礎基本の学力育成，人間形成をあらためて問いかけようというものである。アクティブプランは，毎年度その施策の成果と課題を検証するとともに，次年度の目標と行動計画を明らかにしていくものと位置づけられ，2007年度で5回目の計画策定となった。2008年度も計画策定にあたっては，学識経験者，PTA，学校関係者等19名からなる検討・評価委員会が設置され，検討がなされた。さらにPTA役員に対して学校教育に関するアンケート調査を実施し，計画策定の参考とした。いわば，既存の学校教育に対して，可能な限りの付加要素をPlan-Do-Seeとして実践していく試みといえよう。

2. アクティブプランの内容

　アクティブプランの3つの柱として設定されたのは，
① 「分かる授業・楽しい学校」：子どもが基礎的・基本的な学力を身につけ，充実感をもって学校生活を送れるような学校づくりをめざす。
② 「家庭・地域・学校の連携」：学校の教育だけでは児童・生徒の育成はできない。家庭・地域と連携を深めるとともに，地域の教育力を学校に生かす。
③ 「情報発信する学校」：学校の教育活動の状況を保護者・地域に積極的に発信し，また保護者・地域の意見を学校運営に反映させる。
　というものであった。
　学校における学力定着の緻密な実践項目の設定および神戸市が全国的に先駆をなしてきた開かれた学校施策（学校公園構想）を統合したものとして位置づけ，さらには教師のやる気を引き出す工夫を施すことによって，よりアクティ

ブな教育実践を構築しようとするものである。

4 節　兵庫県 CSR にみる地域教育経営としての施設経営

　兵庫県内には，勤労者および一般県民の「文化（Culture）」「スポーツ（Sports）」「レクリエーション（Recreation）」活動の場と機会の提供を目的として CSR 施設が整備されている。2008 年 3 月現在において，県内 27 か所および予定地 1 か所の CSR 活動拠点施設がある。この事業は，1974 年 10 月より関係する企業の理解と協力を得る形で，法人県民税の超過課税を実施し，その財源をもとに整備が進められてきたものである。勤労者の CSR 活動を促進するための施設はもとより，「自然との親しみ」「健康の維持増進」「家族のふれあい」を基調とする野外活動施設，子どもから高齢者にいたる創造的活動を発揮するための施設などが設置されている。近年は，里山林を生かした公園の整備が中心となって進められている。

　たとえば，加東市（旧社町）には「やしろの森公園」が「懐かしさと安らぎのある里山」として県立嬉野台生涯教育センターに隣接する場所に設置されている。公園内には母屋をはじめとして「ため池観察デッキ」「田んぼの東屋」などが置かれ，150 名を超えるボランティアの活動スタッフが 4 グループに分かれて活動している。すなわち，

・田畑グループ（綿の糸紡ぎ）
・里山活動グループ（野鳥観察小屋づくり）
・里山グループ（ササユリの保全）
・里山楽しみグループ（竹炭焼き）

である。

　こうした活動をとおして，個人やグループの趣味や嗜好を生かす学習だけではなく，地域の特性に依拠しそれを生かす活動が組織的に取り組まれている。

　また，こうした CSR 施設での活動をバックアップするために「ひょうご CSR クラブ」が組織され，神戸・阪神・東播磨・西播磨・但馬・丹波・淡路の各支部が 3 つの部門でイベントやリーダー養成研修などを実施している。

　2007 年度に CSR 施設の運営窓口である県産業労働部しごと局が組織した

CSR活動ネットワーク委員会は，各施設に対する全体ヒアリングを実施した。このヒアリングにおいては，さまざまな課題が委員および施設側から出され，その問題点が浮き彫りになった。

　まず，予算財源は経済動向に左右されがちであるため運営上の制約条件となることから，厳しい運営が余儀なくされつつある現状に対する強い危機意識が，どの施設のヒアリングにおいても表明された。とりわけ，人的資源活用策として地域ボランティアの活用を組織化してきた実績は評価されながらも，その継続性や質的向上などの多くの課題も指摘された。次に，学校単位での利用促進や個人ベースでの利用増加策などをどのように進めていくか，広報のあり方，施設までのアクセスの課題など，利用者の学習の継続性，学習の多様化などへの対応が求められていることが明らかとなった。たとえば，2006年夏に第5番目の自然活用型野外CSR施設として開業した「国見の森公園」については，地元神戸新聞社が「地域ニュース」として報じている。記事は〈開園理念の「学習」低調〉として，「（前略）入場者の多くはミニモノレールの利用やハイキングなど観光目的で，継続的な調査が求められる植物観察の参加者が少ないなど，学習目的の利用は伸び悩んでいる」と分析している（2007年8月14日，播磨・但馬版）。

　今日における地方自治体の財政事情の悪化は，兵庫県においてはさらに深刻である。阪神淡路大震災後の厳しい財政事情のなかで個人の楽しみをサポートする施設整備を充実させることは関係者のなかでも議論が分かれるところである。公的意味合いのより希薄なものは，受益者負担を当然とするのか，あるいは公的社会教育の基本理念との兼ね合いをより尊重するのか，むずかしい問題である。

5節　地方自治体の変革と「生涯学習まちづくり」による地域教育経営の刷新

　「生涯学習まちづくり」をとおしてみえてくる，生涯学習社会へ向けての課題は，兵庫県の地域ビジョン委員会のような地域住民の（学習）ネットワークを多角的，有機的に形成する必要性である。これは，教育システムが総体とし

てこれまでの学校教育中心の「活字文化型システム」から学校以外および学校以後の教育を統合した「情報社会化型システム」へ転換する必要があることを示している。そこでは，インターネットを中核とする情報技術の可能性を徹底的に取り入れて，すべての個人が必要とする情報を，いつでも，最も望ましい形で提供し，各人の希望する学習活動を可能にする環境が整備されることである。ここに，学習基盤整備の問題として「生涯学習都市」が「生涯学習をすすめるまち」として4つの視点をあげていた意義がある。すなわち，

　①時代の変化に対応した学習機会の整備
　②自発的な学習活動の活発化
　③教育・研究・文化・スポーツ施設と地域経済社会との連携・協力の促進
　④社会生活基盤の整備

である。

　旧文部省が取り組んできた「生涯学習まちづくり」のモデル市町村地域の指定は，身近な地域レベルでの学習活動をとおしてのまちづくりの実際的な取り組みへの支援を表明したものであった。たとえば，「インテリジェント・スクール」「生涯学習センター」を生涯学習都市の中核施設と位置づけ，生涯学習社会における学習・情報環境の整備，インフラストラクチャー確立を中心的な課題として取り組んできた。また，そうした生涯学習社会への舵取りは，自治体組織の自己革新を意味し，合併等による新しい地方自治体のあり方を模索することと不可分に関連している。すなわち，都市（まち）行政から都市（まち）経営へ，地域経済の経営主体としての自治体から地域社会システム全体を経営する自治体へ，という発想の転換を促すものである。「生涯学習まちづくり」を合併によって発足した新たな自治体のCI（Community Identity）戦略として，それを確固たるものとし，地域の新しいあるべき姿（シンボル，スローガン，イメージなど）を形成し，確立していく，そのことによって地域からの生涯学習社会化は，新たに始まるといえる。地域の生涯学習革新は，まさに「提供面における革新」「需要面における革新」「連携面における革新」によって達成され得るのであり（瀬沼，2001），「生涯学習社会」は，地域づくり型自治体として，住民参加型民主主義の組織構造への変革的試みの結果として生じる概念である。

そして，その理念を具体化するものとして社会教育施設，生涯学習関連施設は位置づけられている。今後の地域住民の学習活動に資することが期待される。

●●● 引用・参考文献

神戸市教育委員会　2003-2007　特色ある神戸の教育推進アクティブプラン　年次報告書（平成15年版〜19年版）

黒沢惟昭　2008　生涯学習と市民社会　福村出版

日本教育経営学会　2000　生涯学習社会における教育経営　玉川大学出版部

岡東壽隆　1997　地域における生涯学習の支援システム―地域教育経営の理論と実践―　東洋館出版　Pp.7-38.

瀬沼克彰　2001　日本型生涯学習の特徴と振興策　学文社　Pp.350-357.

10章 成人の学習をとおして学校教育を問い直す

●●● 赤木恒雄

　本章は，学校教育を終了した成人が行なう学習がいかなるものかを明らかにし，現在の学校で行なわれている教育を問い直すことを目的としている。具体的には，まず，子どもと比較しながら，成人の特性およびそれに基づく成人の学習プロセスを明らかにする。また，成人の学習活動を阻害する要因を明確にする。これらのことから，成人が学習活動を展開するためには，学校教育がどう変わっていくべきかを明確にする。

1節　成人の特性

　Knowles（1980）はアンドラゴジー（andragogy）を「成人の学習を援助する技術（art）と科学（science）」と，またペダゴジー（pedagogy）を「子どもを教授する技術と科学」と定義した。そして，人間の成熟に伴って現われる成人の特性に関する考え方は，伝統的なペダゴジーが依拠してきた子どもの考え方とは大きく異なっていることを「学習者の自己概念」「経験の役割」「学習へのレディネス」「学習へのオリエンテーション」の4点から説明している。そこで，Knowlesは両モデルの違いを，表10-1のようにあえて対比して提示している。しかし，実際には2つのモデルは一つのスペクトルの両端としてみたほうが現実的であるという。
　それでは，成人の学習の前提となる成人の特性について説明する。

表10-1 ペダゴジーとアンドラゴジーの考えの比較（Knowles, 1980）

	ペダゴジー	アンドラゴジー
学習者の自己概念	依存的	自律的
経験の役割	あまり価値をもたない	豊かな学習資源
学習へのレディネス	生物学的発展や社会的抑圧	社会的役割や生活課題
学習へのオリエンテーション	教科中心	問題解決中心

①学習者の自己概念：人間は成長するにつれて、その自己概念は依存的なものから自律的なものへと移行していく。子どもは初め、生理的、精神的、社会的に成人に依存しなければ生きていけない成人依存的な状態にある。しかし、成長するにつれて、子どもはこの状態から脱却し、成人に頼らない自律的な自己概念を確立する。そして社会生活における自分のあらゆる行動に責任や自尊心をもつ存在となる。

②経験の役割：人間は経験を蓄積していくが、その経験がより豊かな学習資源となる。子どもは経験が乏しいことから主として外的出来事（両親、きょうだい、住所など）から自己アイデンティティをとらえる。成人の場合は自分の経験から自己アイデンティティを導き出す。すなわち、自分の積み重ねてきた経験の総体でもって自己を定義づけるのである。そのために、自分の経験に深い価値を見いだす。したがって、成人の学習ではそれまでに蓄積されてきた豊かな経験を有効活用することが重要となる。

③学習へのレディネス：学習へのレディネスは、次第に社会的役割の発達課題に向けられる。子どもの発達課題が主に生理的および精神的成熟にかかわって生じるのに対し、成人の発達課題は社会的役割が変化あるいは発達することにより生じてくる。たとえば、個人的には独身、夫婦、親というように役割が変化・発達していくにつれて、新しい役割から生じる課題（子育てなど）に対して絶えず学習が必要となり、生涯にわたって学習は続くのである。

④学習へのオリエンテーション：子どもは、準備教育として将来成人になったときに必要と考えられる内容を学習するために、その内容を活用するまでにはかなりの時差が生じる。それに比べ、成人は日常生活のなかから生

じた課題や問題を解決するために学習を展開する。したがって、学習への方向性は教科中心的なものから問題解決中心的なものに移行する。

2節　成人の学習のあり方

Knowlesは成人を指導した体験および成人の特性などから、成人の学習は自己主導的学習（Self-directed Learning）であるべきであるという。前節でみてきたように、成熟することにより、自律的自己概念を確立した成人は、自分の蓄積してきた豊かな経験を学習の資源として、自らが中心となって学習を展開するようになる。このことから、成人の学習ではプロセスが重要となる。これをKnowles（1971）はプロセス・デザインとよび、図10-1に示すように、この学習は7つの段階から構成される。それに比べ、子どもの教育は学習内容、学習方法、さらには学習評価までも教師が中心になって展開されることから、コンテント・プランとよばれる。なお、自己主導的学習は学習者自身が単独で学習を行なうことを理想とするが、実際には学校教育で教師中心の教育を受けてきた成人にはこの学習はむずかしく、指導者あるいは学習支援者を必要とすることが多い。

それでは、成人の発達特性をふまえながら、自己主導的学習について段階ごとに説明をしていくことにする。（赤木、2007）

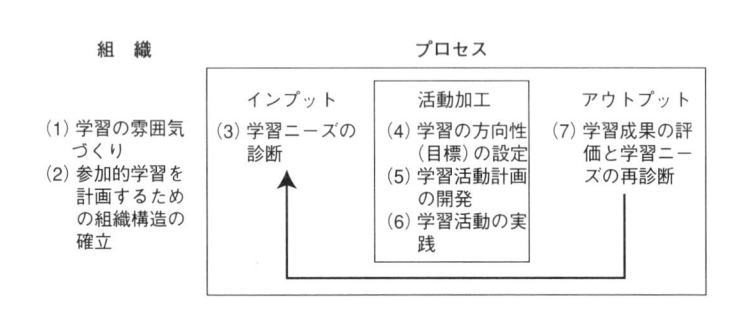

組織	プロセス		
	インプット	活動加工	アウトプット
(1) 学習の雰囲気づくり (2) 参加的学習を計画するための組織構造の確立	(3) 学習ニーズの診断	(4) 学習の方向性（目標）の設定 (5) 学習活動計画の開発 (6) 学習活動の実践	(7) 学習成果の評価と学習ニーズの再診断

図10-1　成人の学習過程のサイクル（池田、1987、p.33をもとに作成）

■第1段階：雰囲気づくり
　学習者が主体的に学習を行なうための雰囲気づくりの段階である。学習を行なう前に，指導者と学習者，さらに学習者どうしがお互いを尊敬し，信頼し，対等に対話できる関係・雰囲気づくりをすることが重要になる。これは学校教育にみられる教師と生徒というタテの関係をつくらないためである。

■第2段階：参加的学習を計画するための組織構造の確立
　学習参加者と指導者が学習を相互に計画・立案するための構造やメカニズムを確立する段階である。ここではすべての参加者が指導者と話しあい，学習の計画・立案ができるように，学習グループの調整，各グループの代表の決定など，具体的に学習の計画・立案に向けて組織化を行なう。そうすることによって，最終的に学習者が学習の計画・立案のプロセスに参加しているという感覚を育むことが大切である。

■第3段階：学習ニーズの診断
　学習者の学習ニーズを自己診断する段階である。この段階はさらに，①望ましい行動や獲得されるべき能力のモデルづくりの段階，②現在の学習行動や能力のレベルを測定する段階，③望ましい行動モデルと現時点での自分の達成レベルとのギャップを診断する段階から構成されている。この段階は，学習者が学習ニーズを自己診断することによって学習への動機が最も高まることから重要である。

■第4段階：学習の方向性（目標）の設定
　学習者が学習成果を評価できるように，学習目標を設定する段階である。この目標は，ある人にとっては到達点としての目標になり，また別の人にとっては成長の方向性を示すものになる。ここでは，学習を進めていくことにより，目標はより明確なものになることから，「学習者が何度も目標を改訂することが好ましい」（Knowles, 1980）という立場がとられる。

■第5段階：学習活動計画の開発
　学習者が自分の経験に基づき，学習計画を立案する段階である。具体的には，指導者が学習者と協議して，学習者の学習状況に応じて学習課題をより理解しやすいように配列し，問題単元を系統立てて組織化することである。

■第6段階：学習活動の実践

　第5段階で立案された学習計画を具体化する段階である。学習者が学習を進めるのに最も効果的な学習方法・形態・教材などを指導者と相談しながら選定する。このとき，学習者が学習を構造化するのを支援する方法として「学習契約（learning contract）」が強調される。なお，学習契約とは学習者と指導者とが，学習活動の計画，内容，進度，評価法などについて事前に協議し，合意された内容を誓約書にまとめて相互に取り交わすことである。この手続きを踏むことにより，学習者の学習意欲が高まり，学習効果が上がる。

■第7段階：学習成果の評価と学習ニーズの再診断

　学習目標に照らして，学習の成果を評価する段階である。学習者は学習成果が上がらない場合，また学習目標を達成し，新たな達成モデルを設定する場合，ともに第3段階の学習ニーズの診断にフィードバックし，学習目標を再度設定することになる。

3 節　成人の学習の成立条件

1．学習の阻害要因の類型

　2008（平成20）年度に20歳以上の男女を対象に実施された「生涯学習に関する世論調査」（内閣府）によれば，「今後生涯学習をしてみたい」と回答した人の割合は70.5%であるのに対し，学習活動をしている人の割合は47.2%であった。また，51.4%の人がほぼ1年くらい学習活動を行なっていない。その理由として，多い順に「仕事が忙しい」（45.4%），「家事が忙しい」（18.9%），「きっかけがつかめない」（16.4%）があげられる（複数回答）。このことから，多くの成人が学習意欲をもちながら，学習活動までにいたっていないことがわかる。

　それでは，Darkenwald & Merriam（1982）と小池（2000）を参考にしながら，学習活動の阻害要因を類型化して説明する。

(1) 学習者の境遇に起因する障害

　これは成人に学習意欲はあるが，本人を取り巻く生活の状況やその現実により，学習活動が阻害されることである。具体的には，世論調査結果に示される

ように，仕事や家事・育児の多忙さから学習活動への参加が制約される場合や，経費がかかるとか，身近な人から学習活動に参加することの同意や支持が得られないなどの場合である。

(2) 制度に起因する障害

これは成人に学習意欲はあるものの，学習の機会が整備されていないために，学習が阻害されることである。具体的には，成人が求める学習ニーズに合致したコースがない場合，また学習ニーズに合うコースが存在しても，そのスケジュールや事業の運営方針がさまざまな理由で合わない場合などがこれにあたり，成人は学習活動を展開できない。

(3) 学習情報に関する障害

成人に学習意欲があっても，学習情報の不備により学習活動が阻害される場合がこれにあたる。具体的には，成人が学習するために求めている学習施設や学習機会に関する情報を入手できない場合や，誤った情報が流され，学習活動ができない場合などである。

(1)〜(3)のような阻害要因は，学習活動を行ないたい成人に直接かかわるものではなく，その制約がなくなれば，成人はいつでも学習ができるので，これらの要因を外的要因とよぶ。

(4) 心理的・社会的障害

これは成人の学習に対する意識，動機づけにかかわる障害である。たとえば，学習に対して嫌悪感をもっている人，あるいは学習をするには年をとりすぎていると感じている人にとっては，学習条件が整備されていても，進んで学習活動に参加するとは考えにくいのである。これを外的要因に対して内的要因とよぶ。

2. 学習参加の構造

学習の阻害要因のなかで，「心理的・社会的要因」は成人の内面的な問題であり，自分で克服しなくてはならない解決のむずかしい障害である。それでは，「心理的・社会的障害」についてより詳細にみていくことにする。

「心理的・社会的障害」は，成人の学習にかかわる「パーソナリティ特性」と成人を学習活動に促す「動機づけ」とに大きく分けられる。さらに前者は

「自己概念」と「教育・学習への態度」に，また後者は「学習課題の意味づけ」と「学習課題達成の期待水準」に細分される。これらが学習活動にどのように影響を及ぼすかについてもみてみよう。

ここでの「自己概念」とは自分自身の能力に対する自己評価のことであり，「知的な面で，自分は平均以上である」とか「自分は学習への関心が高い」ということである。また，「教育・学習への態度」とは，学校教育において培われた教育に対する感情および態度を意味する。たとえば，学業の不振な生徒は，学校教育を続けることにより，ますます学習に対して否定的な態度を形成する。その結果，学校卒業後も，勉強・学習に対して嫌悪感をもつようになるであろう。

他方，「学習への動機づけ」を構成する「学習課題の意味づけ」とは，社会生活のなかで生じてくるさまざまな変化を学習者が自分の学習課題としてどの程度重要であると意味づけるかということである。すなわち，生活の変化に鈍感であれば，学習課題への意味づけも低くなり，学習活動への参加の動機づけも低下することになる。しかし，「学習課題の意味づけ」が高いからといって，人々はすぐに学習活動に参加するわけではない。学習活動に移る前に，その課題が自分の能力で解決できるかという問題が残される。その解決にはもう一つの構成要素である「学習課題達成の期待水準」が関係してくる。すなわち，自己概念が低く，自分の能力に自信のない人の場合には，その学習課題に対して不安を覚え，学習への動機づけは低くならざるを得ないのである。このことから，先述したパーソナリティ特性が学習への動機づけにおいても密接に関係しており，重要であることがわかる。

成人になっては解決が困難である内的要因を生じさせないためには，学校教育においても以上のことを念頭においた教育がなされなくてはならない。

4 節　学校教育における教育のとらえ方

1. 教育のとらえ方の変更

現在，誰も子どもたちが学校に行き，教育を受けることを疑わない。そこでの教育は，専門の教師が人類が培ってきた文化遺産を教科という形で子どもた

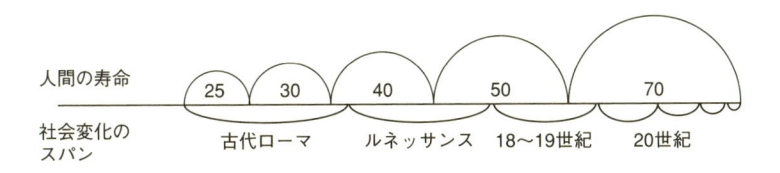

```
人間の寿命    25   30      40      50      70
社会変化の         古代ローマ  ルネッサンス  18〜19世紀  20世紀
スパン
```

図10-2　人間の寿命と社会変化速度の推移（Knowles, 1971）

ちに伝達するプロセスとして定義される。

しかし，図10-2に示すように，20世紀初めに今世紀の偉大な哲学者であるWhitehead, A. N. は，「我々は人類の歴史のなかで，この考え方が通用しない最初の時代に生きている」と述べ，教育のとらえ方を変えなくてはならないことを強調した（Knowles, 1980）。すなわち，主要な文化的変化のタイムスパンが人間の生涯より短くなってきている現在では，従来のように教育を定義することは実用的でなく，生涯にわたるたえまなき探求のプロセスとして教育を再定義することが必要になった。それゆえに，子どもを含むすべての人間にとって最も重要な学習は，学び方の学習であり，自己主導的な探求の技能の学習である。

2. 自己主導的学習能力の育成

成人の学習は自己主導的学習であることが望ましいと述べたが，学校教育で教師中心の学習を展開してきた人々が，成人になって即座に自己主導的学習を行なうとは考えにくい。先述した自己主導的学習の各段階，たとえば学習目標の設定，学習計画の立案，および学習成果の評価には，それぞれ固有の能力が求められる。したがって，自己主導的学習を行なうためには，成人になるまでに自己主導的学習能力を育成しておくことが重要となる。なお，自己主導的学習能力とは，自己および学習活動に対する肯定的メンタリティと学習現場で要求される諸能力（学習スキル）とから構成される概念である（小池，2000）。

同時に，自己主導的学習の成立には，成人はいつも学習ニーズをもつものであり，主体的に自己の向上を望む存在であることが前提にあることも確かである（渡邊，2002）。それゆえに，成人になるまでに自己主導的学習能力を育成することが重要であることから，学校教育においては子どもたちに自ら進んで

課題に取り組み,そこから新たな疑問を見いだし,解決していく能力・態度を習得させる体制づくりが必要不可欠である。このことは,成人になって学習するための基礎学力を身につけさせることとも矛盾するものではない。

3. 学校教育への提言

現在の学校では,中央教育審議会答申「21世紀を展望した我が国の教育の在り方について」(1996年)の提言に基づき,1998年改正学習指導要領から自己主導的学習能力とほぼ同義と解釈される「生きる力」の育成を目的とした教育が実施されている。しかし,OECDにより2003年に実施された「生徒の学習到達度調査」(Programme for International Student Assessment：2000年から3年間隔で実施している調査で,義務教育修了段階の生徒がもっている知識や経験に基づいて,自らの将来の生活に関係する課題を積極的に考え,知識や技能を活用する能力があるかをみることを目的とする。以下,PISA)の結果によれば,教育効果が上がっていないことが明確になった(国立教育政策研究所,2002)。

そこで,PISAで連続世界第1位にあるフィンランドの教育の特徴を示すことによって,学校教育において自己主導的学習能力を育成するための提言としたい。第一に,問題を解決するうえで最も重要な読解力の育成のために,学校だけでなく公共図書館や家庭などの社会を巻き込み,読み書きのスキルを向上させる「国語教育」をすべての教科で実践している。第二に,フィンランドは「平等」を重要な教育目標としていることから,非選別の教育を実施しており,それを補うために少人数によるクラス編成と,補講などによるきめ細かい指導を実施している。第三に,学力の向上と子どもの意欲・関心を涵養するために,理数科教育プログラムを国家レベルのプロジェクトとして推進している。第四に,教師の質を高めるために,「教員養成」に大学院修士課程修了の条件を課している。第五に,教師の質の高いことも関係しているが,教育内容に関する裁量権を極力地方自治体および学校などに委譲するという「教育の地方分権」を実施し,教師にやる気と責任感をもたせるようにしている(庄井・中嶋,2005)。

●●● 引用・参考文献

赤木恒雄　2007　「『ゆとり教育』見直し」の再考　国際教育研究所紀要, 16, 67-78.
赤木恒雄　2007　生涯学習の方法・形態　佐々木正治（編）　生涯学習社会の構築　福村出版　Pp.154-156.
中央教育審議会答申　1996　21世紀を展望した我が国の教育の在り方について　http://www.mext.go.jp/b_menu/shingi/12/chuuou/toushin/960701.htm（2008.7.31 取得）
Darkenwald, G. G., & Merriam, S. B.　1982　*Adult education : foundations of practice.* New York: Harper & Row.
池田秀男（編）　1987　生涯学習テキスト2　成人教育の理解　実務教育出版
Knowles, M. S.　1971　*The Modern Practice of Adult Education: Pedagogy versus Andragogy.* Association Press.
Knowles, M. S.　1980　*The Modern Practice of Adult Education: From Pedagogy to Andragogy.* New York: Cambridge.　堀 薫夫・三輪健二（監訳）　2002　成人教育の現代的実践—ペダゴジーからアンドラゴジーへ—　鳳書房
小池源吾　2000　生涯学習と学校　佐々木正治（編）　21世紀の生涯学習　福村出版　Pp.98-102.
国立教育政策研究所（編）　2002　生きるための知識と技能—OECD 生徒の学習到達度調査（PISA）2000 年国際調査結果報告書—　ぎょうせい　p.002
国立教育政策研究所（編）　2004　生きるための知識と技能2—OECD 生徒の学習到達度調査（PISA）2003 年国際調査結果報告書—　ぎょうせい
Merriam, S. B., & Caffarella, R. S.　1999　*Learning in Adulthood: A Comprehensive Guide.* San Francisco: Jossey-Bass.　立田慶裕・三輪健二（監訳）　2005　成人期の学習—理論と実践—　鳳書房
内閣府　2008　生涯学習に関する世論調査（平成20年5月調査）　http://www8.cao.go.jp/survey/h20/h20-gakushu/index.html　（2008.7.31 取得）
佐々木正治（編）　2000　21世紀の生涯学習　福村出版
佐々木正治（編）　2007　生涯学習社会の構築　福村出版
庄井良信・中嶋 博（編）　2005　フィンランドに学ぶ　明石書店
渡邊洋子　2005　生涯学習時代の成人教育学　明石書店　p.126.
山田恵吾・藤田祐介・貝塚茂樹　2003　学校教育とカリキュラム　文化書房博文社
山内乾史・原 清治（編）　2006　学力問題・ゆとり教育　日本図書センター

11章 地域教育経営──特別支援教育の視座から

●●● 河相善雄

　地域教育経営に関しては，これまで主に「地域社会－学校－家庭」という軸を中心に議論されてきた。しかし2007年度より特殊教育が特別支援教育へと変革され，その構想において画期的なパラダイム転換を遂げたことにより，「教育（労働）－福祉－医療」という軸を視座に含める必要がでてきている。

　特別支援教育構想では，インクルーシブ教育がめざされ，「教育・労働・福祉・医療」の4領域が連携して，子どもの生活全般を視野にとらえ生涯を見通して支援していくことの必要性がいわれている。

　今後社会全般においてさまざまな人を対象にとらえつつ，ユニバーサルデザインの導入が進むと考えられる。その場合には，上記2つの軸は基本的なとらえ方となるものと考えられる。

　本章では特別支援教育制度の課題を検討し，特別支援教育的視座からの地域教育経営について論じる。

1節　特別支援教育構想と制度改革としての意義

　2001年以降一連の報告書・答申（21世紀の特殊教育の在り方に関する調査研究協力者会議，2001；特別支援教育の在り方に関する調査研究協力者会議，2003；中央教育審議会，2005）を通じて教育・福祉・医療・労働領域の諸機関の連携体制確立と障害概念の拡大が提案された。これにより，従来限定的に学校という「場」でとらえられていた障害児教育が，「個人」に焦点づけた考え方へと転換が図られた。

障害は個人により病態像が異なり，場でとらえる対応では不十分であり，また教育領域単独では対応できない事項が多く，他領域と連携したサービス提供と生涯を見通した視点での対応が必要とされる。さらに社会での自己実現に向けた準備として，学校教育段階からの就労前教育・就労準備教育の重要性が，これまで以上に強く認識されるにいたった。

2001年報告で示された4領域連携の視点は，「障害者基本計画」(2003年度を初年度とする計画で，2002年12月24日に策定された) などに示された視点と軌を一にしており，障害のある者の自立や社会参加まで見通した支援を意図している。これは生活におけるさまざまな局面に即し，生涯を見通した視点での支援をするためには，関連領域の各機関が連携しながら支援を展開する必要性がある，という認識への転換であった。

特別支援教育の対象の概念図を図11-1に示す。

2003年報告書では，改革の眼目についてより詳細なイメージが提示された。教員の専門性向上と関係機関の有機的な連携が必要という認識から，ツールとして「個別の教育支援計画」をとらえ，また特別支援教育コーディネーターが重要な役割を果たすとした。そして地域における他領域の専門機関との連携協力を視野に入れながら教育支援機関の再編の方向性が示されている。

実は，「重点施策実施5か年計画 (新障害者プラン)」(2002年12月24日) において「個別の支援計画」を2005年度までに策定することが示されていた。生活全般をとらえた対策を講じ，他領域の専門機関との連携協力を通じて「個別の支援計画」を策定するために，従来は緩やかな結びつきしかなかった特殊教育諸学校と特殊学級・通常学級を強く関係づけ，構造的な関係に再編する必要性があった。そのうえで「個別の教育支援計画」を策定し，さらに「個別の支援計画」のもとでは，生涯を見通した対策のために「個別の移行支援計画」も準備される必要があった。

2005年答申では，2003年報告で示された方向性に現実的側面を重ね合わせ，具体的施策を提示しており，評価できる点は多い。しかしながら，特別支援学校のセンター的機能を重視する一方で，特別支援教育コーディネーターの機能や専門性は重視されておらず，特殊学級を特別支援教室へと構造改革するまでにはいたらなかったりと現実的制約を意識しすぎた印象がある。

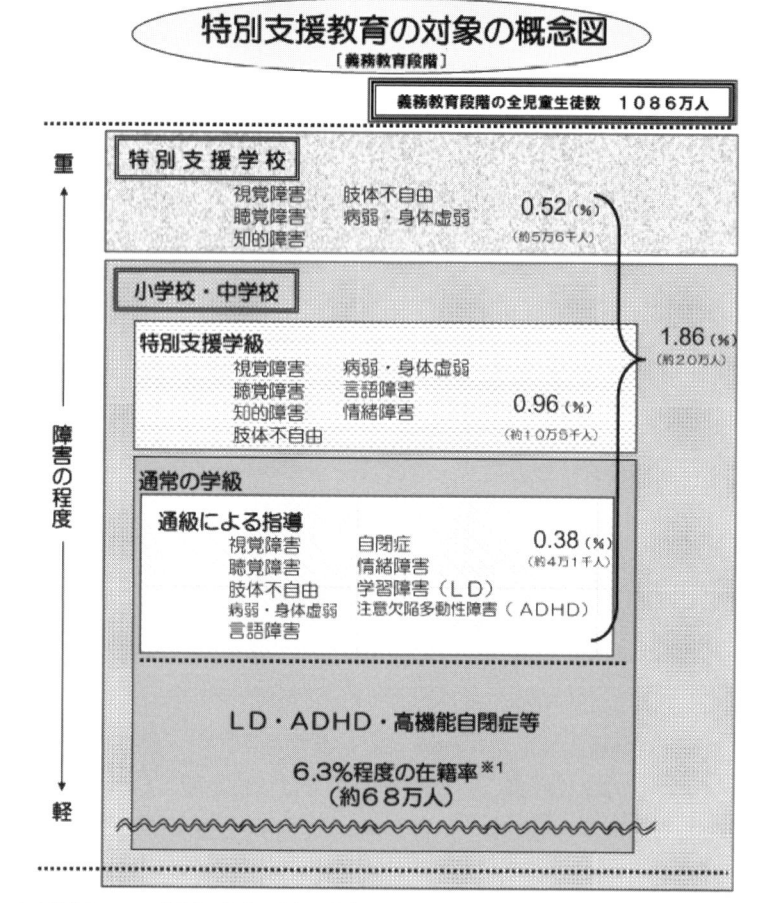

特別支援教育の対象の概念図
［義務教育段階］

義務教育段階の全児童生徒数　1086万人

特別支援学校
視覚障害　肢体不自由
聴覚障害　病弱・身体虚弱　0.52（％）
知的障害　　　　　　　　（約5万6千人）

小学校・中学校

特別支援学級
視覚障害　病弱・身体虚弱
聴覚障害　言語障害
知的障害　情緒障害　0.96（％）
肢体不自由　　　　　（約10万5千人）

通常の学級

通級による指導
視覚障害　自閉症　　　　　　0.38（％）
聴覚障害　情緒障害　　　　（約4万1千人）
肢体不自由　学習障害（LD）
病弱・身体虚弱　注意欠陥多動性障害（ADHD）
言語障害

1.86（％）
（約20万人）

LD・ADHD・高機能自閉症等

6.3％程度の在籍率※1
（約68万人）

（左軸：重←障害の程度→軽）

※1　この数値は、2002（平成14）年に文部科学省が行なった調査において、学級担任を含む複数の教員により判断された回答に基づくものであり、医師の診断によるものではない。
（※1を除く数値は 2006［平成18］年5月1日現在）

図11-1　特別支援教育の対象の概念図
（資料：文部科学省「特別支援教育」　http://www.mext.go.jp/a_menu/shotou/tokubetu/main/001.pdf より）

　これら一連の報告書等で提示された構想は、サラマンカ声明（1994年）に示されたインクルーシブ教育をめざしたものといってよい（サラマンカ声明については、次のURLなどに全文訳が掲載されている。http://www.nise.go.jp/kenshuka/josa/horei/html/b1_h060600_01.html）。生活基盤に密着した支援態

勢の内容は，情報提供レベルから専門家を派遣して指導するレベルまで，多岐にわたっている。またライフステージに従ってニーズの内容は変化し，子どもたちの人生設計に連動して異なる方向性をもつことから，生涯を見通した視点でとらえる必要がある。

　特別支援教育構想は，子どもたち個々人を地域で受け止め，生活基盤と密接にかかわる課題に対応しようとしている点で意義あるものといえる。さらに個別の移行支援計画により，生活実態に基盤を置いた教育体制実現の枠組みを提供するものである。

　しかし構想を具現化していく過程で，制度的実態や財政的制約により，十分な進捗をみたとはいえない。それは「タテ割り行政」の壁を超えた連携を必要としていることやそれに伴って個人情報保護や守秘義務との関連で児童・生徒をめぐる情報の共有や活用の方法・範囲が十分に検討されていないためである。今後，整合性がとれるよう調整が図られ，子どもたちのニーズにこたえ得るような情報の有効活用の途が模索されなければならない。

2 節　特別支援教育の制度と課題

1．特別支援教育制度

　図11-1にも示されるように，特別支援教育では，従来の障害児教育の対象の障害だけでなく，軽度発達障害（LD，ADHD，高機能自閉症等）を含めた障害のある児童・生徒の個に応じたニーズに対応できる教育的支援を行なうこととされている。そのために，従来の障害児教育システムにはなかった「特別支援教育コーディネーター」を導入している。特別支援教育コーディネーターとは教育的支援を専門的に実行できる人材であり，かつ学校・家庭および福祉・医療・労働の関係機関の連携協力強化のための人材である。特別支援教育組織の具体的イメージは図11-2に示すとおりである。

　また，他領域の諸機関との連携と協働のあり方に関する考え方も変容してきている。

　他の関係機関と連携し情報交換を行ない，学校内での医療的ケア・日常の健康管理・療育機関との連携した発達支援・就労支援に向けた取り組みがめざさ

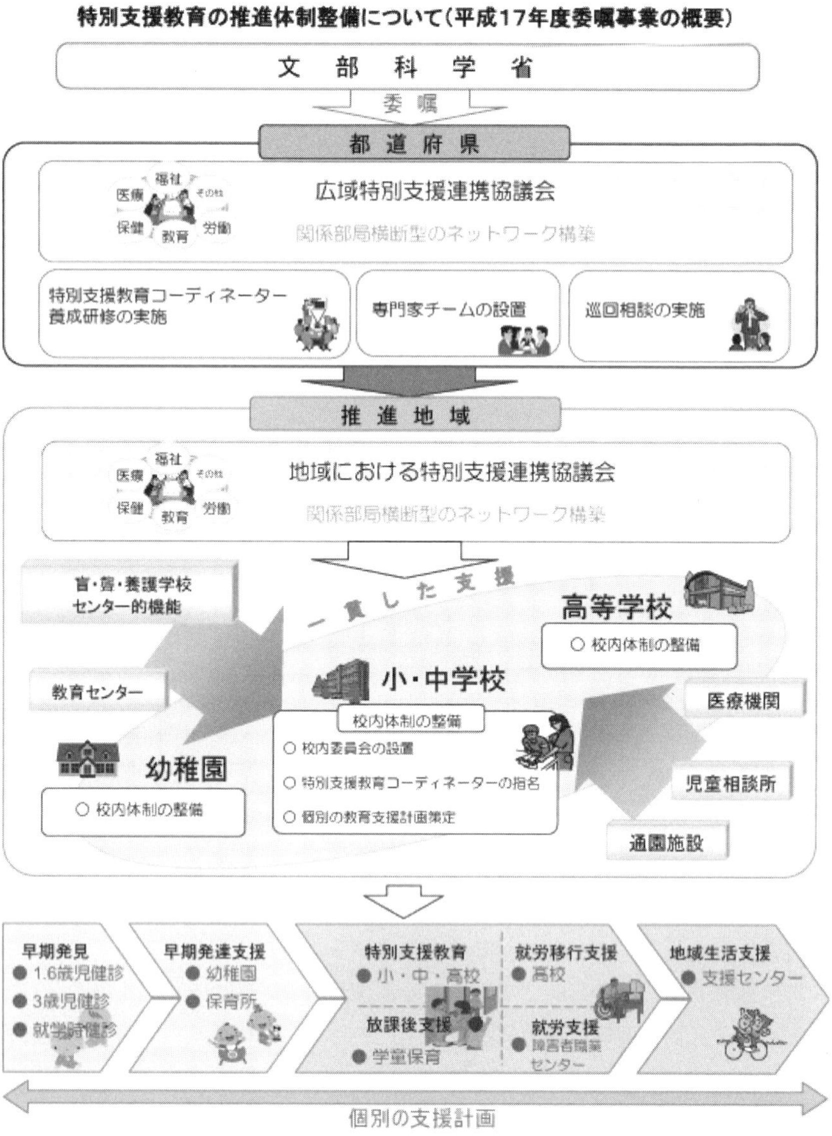

図11-2 特別支援教育の具体的イメージ（中央教育審議会，2005）

れ，さらに積極的に医療機関のプログラムや福祉・保健機関のプログラム，療育機関のプログラムと学校での実践活動とを有機的に結びつけ，より実効性の高い支援となるよう連携態勢を整えていかなければならないとされている。

特別支援教育構想では，広域特別支援連携協議会や地域における特別支援連携協議会を設置し，環境整備に充てると考えられているが，現状は連携のあり方を模索している段階にとどまり，実務者レベルでの有機的な連携態勢にまで成熟しているとはいえない状況である。

2．特別支援教育教員の資質と養成

特別支援学校教員には，ある程度カテゴリー化された障害領域に即した専門的力量が必要とされ，特別支援教育コーディネーターには，特別支援学校教員としての力量に合わせて他領域の専門機関・専門家との意見交換やプログラム調整を行なう力量が要請される。また通常の教員にも，基盤的素養として特別なニーズをもつ子どもたちに対する理解と一定水準の専門性が要求されている。

関連領域の専門職員との関係においても変革が必要となる。これは，特別支援教育体制では，個別の教育支援計画策定のプロセスを通じて，専門職員の所見を得たり，意見交換をしながら検討を進める必要があるためであり，保護者への情報提供・説明責任の見地からも重要である。専門職員の専門性を尊重しつつ，学校・教員の立場への理解を求め，協働・連携態勢が模索されなければならない。

3．特別支援教育制度の課題

特殊教育から特別支援教育へと制度的枠組みの変革は実現したが，理念的なパラダイム転換はまだ達成できているとはいえない状況である。以下，今後の課題を概観しておくことにする。

(1) 制度的課題

インクルーシブ教育実現までの課題として，第一に，就学以前の態勢の再編があげられる。2006年6月，認定こども園が認定されることになったが，保育者資格に関しては，幼稚園教諭・保育士の混在を前提としている。子どもたちの活動を生活ベースでとらえようとするならば，保育者の資質・専門性を統

一的にとらえてよいと考えられる。保育条件を統一しつつ，幼児教育・保育両面のニーズを充足できるよう，抜本的な再編が検討されるべきである。

　第二に特別支援教室実現に向けての課題があげられる。

　インクルーシブ教育では，特別支援教育担当教員は通常学級を巡回し，対象とする児童・生徒の指導に加わるケースも考慮されるべきである。当然，必要に応じて特別支援教室で指導を展開する時限もある。こうした条件が整備されて初めて，特別支援教室は意義あるものとなる。

　特別支援教育担当教員に通常学級間を移動しながら指導に加わる柔軟性を付与するためには特別支援教育担当教員の定数増や，通常学級担当教員の負担減を考慮した学級定員削減やティームティーチングその他の方法が採用できるような活動の柔軟性の確保など，標準法レベルでの整備の必要性があるだろう。

　さらに就労をめぐる変革があげられる。生涯を見通した視点に立てば，個別の教育支援計画には学校卒業後の社会での自立や自己実現のための課題，職業生活に向けての適性や性格特性とそれらに対する学校段階での指導計画なども含まれる必要がある。個別の教育支援計画は，就労支援に関しても，個別の移行支援計画と並行しながら考慮されるべき事項を含んでいる。

　特別支援教育構想では，教育部局以外の関連機関との有機的な連携が円滑に進められるような体制づくりが提言されている。並行して，福祉・労働領域では障害者生活・就労支援センターが委託設置されたり，また障害者職業能力開発校などを窓口としながら，2004年度には「障害者委託訓練事業」が開始されている（厚生労働省，2008）。特別支援学校では高等部を中心に個別の移行支援計画を作成し，卒業後の生活自立に向けた指導が行なわれている。

　このように生涯を見通した支援のあり方の模索も精力的に行なわれるようになってはいるが，現状は就労に向けた適性の明確化や職場実習など，移行時期に直面する就労前教育にとどまっている。今後は，就労や勤労の意義を理解し，社会的活動を通じて自己実現しようとしたり，自己選択・自己決定する力を修得し自立への基盤を培うなど，職業や社会的活動へと向かう姿勢を形成する職業前教育も含めた中・長期的な個別の移行支援計画が検討されなければならない。

(2) 機関間連携をめぐる課題

　まず，協働態勢確立に向けての課題が注目される。関係機関の間には長年の間に形成されてきた領域間の壁が存在する。今後は各機関内で完結していた業務から，特別なニーズ支援のためのコンセンサスを得て必要な情報を引き出し，またこれと連動した支援サービスを提供できる態勢が構築されなければならない。特別支援教育構想のもとでは広域特別支援連携協議会や地域における特別支援連携協議会などが設置され，各都道府県教育委員会がリーダーシップをとることになるが，教育以外の領域でのサービスに関して，サービス内容や機能の範囲，障害児者関連制度の概要等の理解を深めると同時に，互いに地域リソースの一つとして位置づくことを意識した態勢づくりが求められている。

　今後，個別の支援計画やその下位計画の作成・実施・検証等を通じて実質的な協働態勢構築がめざされなければならない。支援を受ける側からみれば，連動したサービスが展開されて初めて，実質的な支援となるのである。

　次にコーディネーターの位置づけと権限に関して，現時点では，特別支援教育コーディネーターには特に資格条件が設定されておらず，校務分掌をもって充てることとされている。こうした状況ではコーディネーターは校長の指揮のもとにあり，児童・生徒の状況に対する判断が分かれたり他機関との調整結果に対して校長が学校側の都合を優先させようとした場合に，コーディネーターの専門性が抑制される危険性がある。コーディネーターの専門性の内容を明確にし，専門職としての資格を確立し，校長と適切な協議のできる位置づけを与える方策を講ずるべきである。

(3) 教員に関する課題

　教員に関して，現在，小・中学校，高等学校の教員免許では，特別支援教育関連の要件を設定しておらず，特別支援教育に関しては特別支援学校教諭免許として独立した設定になっている。特別支援学校教諭免許自体は，小学校・中学校・高等学校のいずれかの教員免許を基礎免許とし，あわせて取得して初めて有効となるいわば「二階建て免許」である。このため，通常学級担当教員には特別支援教育関連科目の学修経験をもたない者も多く，問題性ある子どもを担任して初めて特別支援教育に関する専門性の欠如を自覚するケースも多い。

　特別支援学級担任に関しても，特別支援教育関連の専門性についての資格要

件は定められていない。このため特別支援学級担任が特別支援教育関連の専門性とは無関係に選任される危険性がある。専門性向上は選任された教員個人の努力に任されているのが現状である。

　また，特別支援学校教諭免許の取得義務づけの方針が示され，免許法認定講習受講などでの取得が奨励されてはいるものの，教育職員免許法附則16項に経過措置の規定は残され，保有義務づけを完全実施に移せる状態にはない。

　今後，小・中・高等学校教諭免許にも特別支援教育に関する単位を設定すると同時に，特別支援教育担当教員には専門免許保有を義務づけるなど，研修のあり方や免許の構造も含めた検討が進められなければならない。

　最後に教員以外の専門的職員との協働の可能性について述べる。特別なニーズ概念の検討が進み，定着していくなかで，たとえば医療的ケアのように，教員以外の専門的技量を有する職員が一定常駐したり，教員が専門的職員と連携したりする必要が増加する可能性が高くなってきている。

　そうした場合に，学校側にも他領域の職種に対する基礎的理解が求められるものと予測される。従来の「教職」の範疇外の技能修得や基礎的理解の要請が生じてくるのである。教員が専門的技量を有する職員との連携方法を模索する意味での研修ニーズの明確化が課題となると思われる。

3節　特別支援教育からみた地域教育経営論

　これまでみてきたように，特別支援教育構想への変革によって，障害児教育におけるパラダイム転換がなされ，インクルーシブ教育志向が示された。障害者基本計画，新障害者プランに示された個別の支援計画に包括される，各局面に即した個別計画が作成され，またその作成プロセスで教育・福祉・医療・労働等の各領域の専門家による所見が統合され，生活全般を視野にとらえた支援が考慮されることとされたのである。そして各領域の関連するリソースが具体的な活動において連携していくことが求められている。

　ところが，特別支援教育構想が求めるものは，特別支援教育そのものに限定してはいない。通常学級の変革も要請しており，通常の小・中・高等学校での連動した変革も必然となっている。インクルーシブ教育は究極のところ，教

育体制全体の連動した変革を必要とする。最終的には，拡大された概念で対象とされる子どもたちが通常学級に在籍することになり，バリアフリー空間やAAC（Augmentative & Alternative Communication）機器・VOCA（Voice Output Communication Aids）機器等の補助的コミュニケーション機材の整備，通常学級担任教員の資質向上，通常学級内での個別対応方法の模索，校内態勢の整備など，全面的改善を要するのである。

これにより，子ども集団・住民組織にも意識の啓発や日常行動様式の変化が生ずる。地域住民にも障害理解や子ども文化・問題性の理解，その受容が要請され，地域の子ども会・住民自治組織の活動において意識されることになる。新たなコミュニティ再編の可能性も期待できる。

特別支援教育構想では組織構造として，個別の教育支援計画・個別の移行支援計画策定のための広域特別支援連携協議会や地域での特別支援連携協議会を組織しようとしている。そしてそれらの組織と教育現場を緊密につなぐ役割を担うキーパーソンとして特別支援教育コーディネーターを置くことが考えられている。コーディネーターは他領域にも当然想定し得るが，個人のライフステージや問題の特性により，どの領域のコーディネーターがリーダーシップをとるのかは柔軟に決定されるようにする。すなわち，こうした組織は必要に応じてメンバーが組み替えられたり，キーパーソンが交代する柔構造をもつよう性格づけられなければならない。

また情報交換も即時性・即応性・適時性が求められる度合いが増加することが予想される。そのためにユビキタス・コンピューティング（Ubiquitous Computing）環境が整備される必要性が想定される。1995年以降，e-Japan戦略（1995年）やe-Japan戦略Ⅱ（2001年）に続くu-Japan戦略（2006年）へと展開されてきたIT（Information Technology）推進政策により，ICT（Information Communication Technology）をツールとするためのインフラ整備も進んできており，近い将来，充実した環境が整備されることが見込まれる状況にある。

これらの条件整備が進捗したとして，教育制度にユニバーサルデザインが想定できるのか否かという点が要点となる。個々のケースのなかに，クライエント，組織，複数の専門家，という多くの変数を含みながら，すべてのケース

を満足させるための条件整備を検討していかなければならない。それが，1994年のサラマンカ声明および2006年に取りまとめられた障害者の権利条約で提唱されたインクルーシブ教育への要求なのである。特別支援教育構想が提示され，制度的改革が開始され，さらに充実をめざした条件整備が進められようとしている現在，子どもたち一人ひとりの生活に基盤を置いた地域教育経営の視点が求められているといえよう。

●●● **引用・参考文献**

中央教育審議会　2005　特別支援教育を推進するための制度の在り方について（答申）

厚生労働省　2008　「職業能力開発情報」「障害者の態様に応じた多様な委託訓練」
　　http://www.mhlw.go.jp/bunya/nouryoku/career-syougaisya/itaku-kunren.html
　　（2009.1.5.取得）

21世紀の特殊教育の在り方に関する調査研究協力者会議　2001　21世紀の特殊教育の在り方について（最終報告）

特別支援教育の在り方に関する調査研究協力者会議　2003　今後の特別支援教育の在り方について（最終報告）

第IV部

教育実践の経営

12章 「特色ある開かれた学校づくり」に学校評価システムを生かす

●●● 林　孝

　本章においては，家庭・学校・地域社会の教育連携の推進にあたって，「学校のもつ条件性」に即した「特色ある開かれた学校づくり」が求められる背景を明らかにするとともに，近年の教育施策の検討をふまえ，学校評価システムの基本的考え方を明らかにして，「特色ある開かれた学校づくり」に学校評価システムを活用する方途をめぐって検討する。

1節　「特色ある開かれた学校づくり」への基本的視座とその意義

1.「特色ある開かれた学校づくり」への基本的視座

　今日の子どもには，ゆとりのない忙しい生活，社会性の不足・規範意識の低下，自立の遅れ，体力・運動能力の低下傾向などの問題状況が指摘される。このような状況に対して，子どもの育ちの場（家庭・学校・地域社会）において，子どもの成長にかかわる人と組織（家庭（保護者）・学校（教職員）・地域社会（住民））がその役割を確実に遂行することや，そのなかで，人や組織は連携・協働して，主人公としての子どもに相互補完的に向きあうことを可能とすることが課題とされる。学校経営にあって，それら問題状況への対処に，家庭・学校・地域社会の教育連携を推進することが求められている。

　この教育連携の推進にあたって，個々の学校は現実という条件性（「学校のもつ条件性」）を背景に異なる環境のもとに存在しており，それぞれの学校の「ある姿」には多様な展開がみられる。それぞれの展開がみられるとはいえ，

学校はその環境の特性を積極的に最大限に活用し，地域社会等の環境上位システムとの相互関連性とともに学校内部の相互関連性の調整を図って経営努力を行なっている。この「学校のもつ条件性」とは，学校経営における経営条件として考慮すべき，各学校の有する人的・物的・財的な教育資源や所在する地域の特性等のことであり，これらには差異があり，また，有限であることを意味している。その「学校のもつ条件性」をふまえ，自校の「あり得る姿」を設定して，環境との相互関連性とともに学校内部の相互関連性の調整を図ることによって，「ある姿」からその「あり得る姿」へと自己更新的に接近していくことが可能であり，学校教育の「あるべき姿」（追求されるべき教育の目標の達成）に迫ることができる。このような文脈において，各学校の取り組みは「特色ある開かれた学校づくり」としてとらえることが可能である。

　ところで，学校のめざす教育目標の達成には，事実として，単位としての学級における教育活動の充実が必要である。そのためにも教職員一人ひとりが組織的な教育活動を展開する担い手となって，学校には，校長を中心としてすべての教職員がその職務と責任を十分に自覚し一致協力した学校経営を推進することが求められている。しかし，それは学校の自己完結的な取り組みの推進を求めるものではない。それとともに，学校での「子どもの学び」の姿を情報発信したり，家庭や地域社会での「子どもの学び」の姿を情報受信したりできる仕組み・構造が必要であることを指摘できる。家庭や地域社会と連携協力し，地域に開かれた学校経営を推進していくことが求められているのである。

　したがって，「特色ある開かれた学校づくり」には，次のような基本的視座が必要とされる。第一は，学校組織のめざす方向性を見据え自己の持ち味を生かして役割を遂行できる教職員の協働を可能とする，学校内を開いていく視点である。しかし，それだけでは，先に指摘したように，学校の自己完結的な取り組みに終始するということが危惧される。そのため，第二に，家庭・地域社会や関係機関と連携・協働する学校外に開かれた視点が必要である。

　すなわち，子どもの変容に向きあい，教職員一人ひとりが学校の組織的な取り組みを代表する存在であることを体現できる校内の協働システムの構築とともに，子どもの育ちに対する視点を共有して，家庭・学校・地域社会がそれぞれの力をそれぞれの場において発揮できる態勢をつくり，パートナーとして連

携・協働するシステムの構築である。このような視点をもって「特色ある開かれた学校づくり」を進めることは，学校経営における重要な課題である。すなわち，教職員が学校の明確な教育方針のもとに組織・一体的な教育活動を展開する担い手となり，すべての学校がその特色を生かし創意工夫を凝らした教育活動を遂行し，それを契機に，地域全体として子育てを支援し子どもの成長を支えていくような取り組みを展開することが不可欠とされる。そのため，自校の教育理念や教育方針を明確にし，教職員間で共有して，地域の状況等に応じた特色ある教育課程を編成するなど，自主的・自律的な学校経営を推進することが求められる。学校は，家庭や地域社会と連携協力して教育活動を展開する。そのためにも，異質で多様な情報を保護者や地域住民から受信するとともに，学校の経営責任を明らかにした情報を発信していくことが求められる。

2．「特色ある開かれた学校づくり」推進の意義

「学校のもつ条件性」に依拠し，学校経営が「特色ある開かれた学校づくり」として展開される意義について，家庭・学校・地域社会の教育連携の推進をめぐって整理してみよう。

第一に，「特色ある開かれた学校づくり」の推進は，学校教育にめざされる「自ら学ぶ意欲と主体的に考え判断し行動できる能力（生きる力）の伸長」という課題に有効な三者の関係構築を促進する意義が指摘できる。家庭や地域社会での日常の生活が「生きる力」の育成の基盤となり，また，それらの生活に「生きる力」が生かされ，さらには「生きる力」が発展・補完されるといった，家庭・学校・地域社会の関係が求められているからである。

第二に，家庭や地域社会の再生につながる方略としての意義が指摘できる。教育基本法の改正により，家庭・学校・地域社会の教育連携が規定された（第13条：2006年12月）。この規定の実質化に，最も組織として機能している学校の果たす役割は重要である。危惧される子どもの変容に対して学校がどう取り組むのか，そのことによって家庭・地域社会における子どもへの関心や学校のあり方への関心を喚起し，次代を担う子どもへの眼差しを共有して，「教育におけるそれぞれの役割と責任」が三者に自覚されるからである。

しかしながら，家庭の教育力の低下や地域社会の教育力の衰退とともに，学

校の引き受ける教育機能の肥大化に伴う学校の教育力の機能不全が指摘されて久しい。そのような状況のもと，家庭・学校・地域社会は，それぞれに期待される役割を十全に果たして，三者の教育連携をどのように進めていくべきだろうか。この点にも，現状では，最も組織として機能している学校が「特色ある開かれた学校づくり」を推進する意義を指摘できる。学校には，「特色ある開かれた学校づくり」を進めることを通じて，それを契機に，地域全体として子育てを支援し，子どもの成長を支えていくような取り組みを展開することが不可欠とされる。たとえば，学校週5日制の有効活用と結んで，保護者や大人が子どもとともに生活し活動する時間をより多く確保するなど，家庭や地域社会における生活時間の回復やそれによる教育力の回復に益することが期待される。また，子どもにとっても，家庭や地域社会で自分自身の責任において主体的に使うことのできる時間を確保し，一人ひとりが生活のリズムをつくり上げ自分らしさを十分に発揮して生活できるようになることが期待される。

　以上のような「特色ある開かれた学校づくり」のもつ意義は，保護者や地域住民にとってどのように実感されることになるのか。今日，多様な取り組みが学校現場に要請され取り組まれるなかでも，学校教育法の改正（2007年6月）による学校評価と情報提供に関する規定の整備には，教育連携推進への可能性が読み取れる。学校における「子どもの学び」の状況と学校の取り組み状況を点検評価し情報提供することを通じて，子どもの育ちの場において，子どもの成長にかかわる人と組織が，主人公としての子どもに相互補完的に向き合うことを可能とする契機を得ることができると考えるからである。

2 節　「特色ある開かれた学校づくり」における学校評価システムの可能性

1．学校評価システムの基本的考え方

　今日の学校評価システム導入の端緒は，小・中学校設置基準（2002年3月）の自己点検評価と結果の公表についての努力規定（旧第2条）にみることができる。これに代わって学校教育法の改正（2007年6月）によって，学校の評価および情報提供に関する規定が整備された。学校教育法では，学校評価の実

施が義務規定となるとともに，評価するだけにとどまらず結果に基づく改善への必要な措置を講じることを求めている。すなわち，「小学校は，文部科学大臣の定めるところにより当該小学校の教育活動その他の学校運営の状況について評価を行い，その結果に基づき学校運営の改善を図るため必要な措置を講ずることにより，その教育水準の向上に努めなければならない」（第42条）とされた。また，情報の提供については，「小学校は，当該小学校に関する保護者及び地域住民その他の関係者の理解を深めるとともに，これらの者との連携及び協力の推進に資するため，当該小学校の教育活動その他の学校運営の状況に関する情報を積極的に提供するものとする」（第43条）とされた（中学校：第49条，高等学校：第62条に準用規定）。なお，第42条にいう「文部科学大臣の定めるところ」とは同法施行規則における定めである。そこでは，①自己評価の実施とその結果の公表の義務づけ（第66条），②保護者など学校関係者による評価の実施と結果の公表（第67条），③それら自己評価や関係者評価の結果を公表した場合の設置者に対する報告（第68条）について規定されている。

「義務教育諸学校における学校評価ガイドライン」（2006年3月策定，2008年1月改訂）をふまえると，学校評価の目的は次の3点に整理できる。

①各学校が自己評価を実施し，自ら教育活動その他の学校運営について，めざすべき成果やそれに向けた取り組みについて目標を設定し，その達成状況を把握・整理し，取り組みの適切さを検証し，組織的・継続的に改善すること。自己評価にあたって重要なのは，網羅的なチェックを行なうのではなく重点化された目標を精選して実施することであり，評価結果をふまえた改善方法を検討・公表し学校運営の改善につなげることである。

②各学校が自己評価および学校関係者評価を実施し，その結果を説明・公表することにより，自らの教育活動その他の学校運営に対して保護者や地域住民の理解と参画を得て，信頼される開かれた学校づくりを進めること。保護者による評価や積極的な情報提供を通じて，家庭・学校・地域社会の連携協力の促進が期待される。学校関係者評価においては，自己評価の客観性・透明性を高め，学校の状況に関する共通理解を深化させ，家庭・学校・地域社会の連携協力を促進させることが求められる。

③各学校が学校評価の結果をその設置者に報告することによって，各学校の

設置者等には，学校評価の結果に応じて，学校に対する適切な人事や予算上の支援や条件整備等の必要な措置を講じること。

これらのことを通じて，一定水準の教育の質を保証し，その向上を図ることが求められる。

2．学校評価システムの意義と可能性

　学校評価システムとは，学校の教育活動の質を向上させ，児童・生徒の学習活動の質の向上をめざすための手段であり，また，学校の自主性・自律性の確立を担保する条件として学校の説明責任を果たす手段である。学校評価のサイクルは，計画（Plan）－実施（Do）－評価（Check）－改善（Action）のマネジメントサイクルである。学校革新・改善における基点として，評価を明確に位置づけ，学校の全教職員をあげて学校評価に取り組むことによって，教職員・保護者・地域住民等の学校関係者間のコミュニケーション手段を確立し，めざす教育目標の達成に向けて忌憚のない意見の交流を活発にし，学校改善に有用な意味情報の交流を図ることを可能とする手段である。

　そのような学校評価システムは，学校評価によって得られた自校の教育活動についての評価結果と学校改善方策を通じて，上述したようなコミュニケーションの活性化に機能する。学校行事などイベントについて事実を知らせるようなインフォメーション情報とは異なり，学校評価システムを通じて提供される情報は学校の革新・改善や教育活動の質的向上にあたって，事実と意味・解釈を知らせるインテリジェンス情報だからである。そのことは，「わが校」がどのような校内組織をつくり，どのように役割分担して運営しているかといった学校のめざす教育目標の達成に必要な情報であり，これは，学校の透明性を確保する上に機能する。学校評価によるインテリジェンス情報を通じて，学校関係者間のコミュニケーションが活発に図られ，学校の存在価値・社会的認知を確保していくこととなる。その意味で，まさに「組織の存続」を図る行為として，学校評価システムの存在意義を指摘できる。

　学校評価システムの構築には，各学校のもつ条件性や長所を明らかにして学校の教育目標や教育課程編成への具体化に生かす視座を保持することが重要な方策となる。そのことによって，「特色ある開かれた学校づくり」にとって学

校評価システムの可能性として，次のことが期待される。
① 「わが校」の教育目標の達成に，どのような校内組織をつくり，どのように役割分担して運営しているか，その達成状況をめぐる自己評価・学校関係者評価の結果や改革・改善方策はいかなるもの等についての情報の透明性を維持促進させ，学校内の協働システムの構築や学校外の人々や施設とパートナーとして連携・協働するシステムの構築に資すること。
② 学校のもつ問題点を見いだし，問題構造を解明し，その解決・改善を図るという継続的な学校改善の方向性を示すこと。また，学校のもつ強みを明らかにして長所として活性化させ，継続的な学校革新の方向性を示すこと。これら2つの方向性の明確化により，学校の提供する教育活動の質的向上を図り，学校改善・革新の実行を促すこと。
③ インテリジェンス情報を創出することによって，教職員・保護者・地域住民・教育行政機関等の学校関係者間における「データに基づく対話」を可能にすること。たとえば，子どもの教育に関する家庭・学校・地域社会間の関係のあり方など三者に共有されるべき意思の形成や行政への支援要求の根拠となること。

などである。

家庭・学校・地域社会の教育連携にとって，保護者（家庭）や地域住民（地域社会）とは本来，教職員（学校）のパートナーである。子どもの学びや育ちをともに支える共同責任を有する存在であるとともに学校の教育力向上に不可欠となる存在である。その前提に立つと，学校の意思形成に保護者・地域住民は対立する存在とはなり得ず，彼らの教育意思は学校の意思形成に欠くことのできないものだといえる。学校の意思形成は，学校内部の「専門的意思」にのみゆだねられるものでも，学校の恣意性にゆだねられるものでもない。学校が家庭・地域社会の信頼にこたえるなかで保護者・地域住民と連携をとり，学校の意思形成を図っていくことが必要とされている。

さらに，学校がとり得る経営方策は，自校の教育理念・経営ビジョンを具体的に示す学校の意思として，教職員とともに保護者・地域住民にも共有される必要がある。学校には，「学校のもつ条件性」に適合した優先順位に沿う学校経営の遂行に，教職員・保護者・地域住民が共通の意思のもと，責任ある学校

づくりを展開していくことが求められる。「特色ある開かれた学校づくり」を協働して推進する保護者・地域住民として，子どもの教育に学校と保護者・地域住民とが共同責任を負うことのできるシステムの構築が必要とされている。学校評価システムの導入・定着は，「特色ある開かれた学校づくり」をとおして，家庭・学校・地域社会の教育連携推進を可能とするものである。

3 節 「特色ある開かれた学校づくり」のプロセスと学校評価システムの実践

1.「特色ある開かれた学校づくり」のプロセス

　組織開発のプロセスに依拠して，教育連携推進における「特色ある開かれた学校づくり」を進めるプロセスを素描すると，次のように述べることができる。
　第一は，「学校のもつ条件性」の自己点検・評価を出発点に，その条件性に対する肯定的な関心から，学校のもつ長所の活用を意識化することである。組織開発の過程でいえば，「問題意識」「組織の診断」の段階である。組織開発における「問題意識」は「組織が問題をもち，その問題を何とかしたいということに気づく段階」であるが，家庭・学校・地域社会の教育連携にあっては「問題」ばかりが主たる関心とは限らず，「学校のもつ条件性」への気づきの段階であるといえる。また，「組織の診断」の段階は，すなわち，「学校のもつ条件性」の点検の段階であり，この検討を通じ「学校のもつ条件性」を明確にする段階であるともいえる。組織開発がコンサルタントの援助を得るように，教育連携の推進にとって，たとえば，学校評議員や保護者がともに加わることによって，学校組織の内にあっては気づくことのできない視点に気づかされるのである。したがって，学校評議員の忌憚のない意見や保護者等から得られる情報をノイズとして捨象せず，有意味な異質情報として受けとめる視点が重要である。
　第二に，「学校のもつ条件性」を活かした長所に焦点化して教育活動を見直すことである。組織開発の過程でいえば「フィードバック」の段階である。この段階では諸問題を認識して診断し計画が立てられるが，「学校のもつ条件性」を多様な視点でとらえ，見方を広げ，次のステップに進むための段階であると

いえる。その際,「あれも・これも」は不可能であり,自校や地域等の実情をふまえ,自校の学習活動に何を優先的に取り入れ,卒業生の「ウリ」として何を期待するのか・できるのかを検討することが重要である。

第三に,そのような検討を通じて得られた教育活動を共有するなかで,「変革方略の形成」の段階がある。焦点は,「あるべき姿」としての学校に「学び」を重視する組織文化を確立し,教職員間に成長的・挑戦的な組織風土を醸成するために,「現実に起こっていることとの間の矛盾を縮小するには何が必要か」を認識することである。

第四に,そのために,仕組みづくりを図って学校内部を開き,それを継続的に進めていくことである。この段階は「調停（実施）」の段階である。そのような努力を通じて,教職員一人ひとりが学校の明確な教育方針のもとに組織的・一体的な教育活動を展開する担い手として,学校の組織的な取り組みを代表する存在であることを体現していくことが必要とされる。

第五は,第四の段階と同時的である。組織開発が組織内部の問題解決,つまり,組織の下位システムの変革であるのに対して,三者の教育連携は学校組織内にとどまらない。先述したような学校のめざす教育目標の達成に必要なインテリジェンス情報を発信していく取り組みを継続し,学校の透明性の確保を図ることが求められる。もちろん,三者の教育連携を推進する組織についての情報も家庭や地域社会に開かれていなければならない。

そして,第六に,学校評価の取り組みを推進して,めざす教育目標の達成や学校改善に向けての忌憚のない意見の交流を図り,教職員・保護者・住民等の学校関係者間のコミュニケーション手段を確立し実働させて,「特色ある開かれた学校」として,その存在価値・社会的認知を確保していくことが重要である。

2. 学校評価システムによる「データに基づく対話」推進のあり方

学校評価システムを通じて得られる情報は,家庭・学校・地域社会の教育連携の結節点としての情報となる。この情報は三者の相互の理解と支援を生み出し,パートナーとして子どもの育ちを支える三者の協働を推進するために,学校が展開しようとする教育活動にかかわる意見として受けとめる必要がある。

また，学校評価システムを通じて得られた情報は，各学校のもつ条件性を自己点検するものとして働く。この情報が肯定的な関心から把握されることによって，学校の内にある条件と外にある条件（地域の教育資源，とりわけ人材）を「特色ある開かれた学校づくり」に結集して，教育活動に連携・協働して取り組むことを可能とする。そのため「データに基づく対話」の推進にとって，学校からの情報発信（学校の教育目標，めざす生徒像，年間教育計画など）が大切である。そのことを通じて，「私たちの学校では，○○が大切にされている」ことの共通認識をもつことが可能となる。特に，学校評価システムを通じて，評価結果および改善案を情報発信し，「私たちの学校は，□□に取り組み△△の結果を得た。課題は××である。したがって，次には◎◎を大切に，◇◇のように取り組む」という明確さを示すことが重要である。

　また，「特色ある開かれた学校づくり」の推進には，学校が組織として取り組むことが重要である。そこには，「私たちの学校では，教職員一人ひとりが学校の顔である」という誇りが教職員に生まれる契機も見いだせる。教職員一人ひとりが，「特色ある開かれた学校」として明確な教育方針のもとに組織的一体的な教育活動を展開する担い手として，学校の組織的な取り組みを代表する存在であると自覚する契機が与えられるからである。

　さらに，学校評価システムを通じて得られた保護者や地域からの情報に，学校にとっての異質情報としての大きな価値を見いだす視点も重要である。たとえば，学校に対する疑問は，教職員に「学校の常識」を疑ってみる契機を与える。また，積極的なアイデアの提供は教職員の「学校への思い・子どもたちへの夢」を膨らませることができる。

　以上のような視点を保持して，学校評価システムで得られた情報を「特色ある開かれた学校づくり」に生かしていくことが，今日の学校経営にあって不可欠なものとして求められているのである。

●●● 引用・参考文献

林　孝　1998　家庭・学校・地域社会の教育連携―学校週5日制導入における保護者の意識変化―　多賀出版

木岡一明　2003　新しい学校評価と組織マネジメント―共・創・考・開を指向する学

校経営―　第一法規
河野和清（編）　2008　現代教育の制度と行政　福村出版
Owens, R. G., & Steinhoff, C. R.　1976　*Administering Change in School.* Englewood Cliffs, N.J.: Prentice-Hall.　岸本幸次郎（監訳）　1977　学校経営の革新　明治図書

13章 キャリア教育の実践に向けて

●●● 小山悦司

　近年キャリア教育への期待が高まりをみせており，初等教育から高等教育を通じて継続的・体系的にキャリア形成を図ることが求められている。キャリア教育の「キャリア」とは何か，キャリア教育は何をめざすのか，さらには具体的に実践するにはどのような点に留意すべきであろうか。これらの疑問点について検討を加えておくことが，キャリア教育の充実・発展には不可欠である。そこで，本章では，キャリア教育の本格的な実践に向けて，経営的視点から示唆を得ることにする。

1節　キャリア教育の背景

1. キャリア教育の歴史的背景

　わが国の「キャリア教育」の有力なモデルは，1970年代以降に米国で展開された「キャリア・エデュケーション運動」である。キャリア・エデュケーションは，米国連邦教育局長官のMarland, Jr., S. が1971年の全米中等学校長協会年次大会において，初等中等教育改革の重点施策として普通教育と職業教育の統合を提唱した「マーランド・スピーチ」が端緒であるとされている。

　Marlandは，職業にかかわる教育を従来の「職業教育（vocational education）」と呼称するのではなく，新たに「キャリア・エデュケーション（career education）」と呼び代えることを提案したのである。そして，キャリア教育を「初等・中等・高等・成人教育の諸段階で，それぞれの発達段階に応じ，キャリアを選択し，その後の生活のなかで進歩するように準備する組織

的・総合的教育」と定義した（仙崎ら，2002）。このキャリア教育の考え方が，日本における「進路指導」の改善・充実に多大な影響を及ぼしてきたことは周知のとおりである。

　日本では1947（昭和22）年，戦後初の学習指導要領に中学校「職業科」が設置され，職業教育との関連から個性に応じて将来の進路を選択する能力を養うことが強調された。この時期が，いわゆる「職業指導の時代」である。その後1957（昭和32）年の中央教育審議会答申「科学技術教育の振興方策」において，「進路指導」という用語が公的に初めて使用され，職業指導は進路指導へと順次移行していくこととなった。そして，「生き方の指導」（1986年～）や「生きる力を育む」（1996年～）ことに力点を置いた時流を経て，今日の「キャリア教育の時代」（2004年～）を迎えたのである。

　ちなみに，「職業教育」は，特定の職業につくことを想定して，そこで必要とされる知識や技能の習得を目的とした教育である。これに対し，「キャリア教育」は，単に職業への準備だけではなく，「人はなぜ生きるのか」といった人生観，あるいは「なぜ働かなければならないのか」といった労働観・職業観の育成など，「生き方」そのものの次元を視野に入れるという意味で，より幅広く包括的な教育概念であるといえる。

2．キャリア教育とは何か

　キャリア教育でいうところの「キャリア」という用語は，社会の変化や価値観の多様化を反映して，多義的に用いられている。米国のキャリア教育においては，その定義が公的なものだけで約30種類もあるといわれている。

　「キャリア」の語源は，ラテン語の馬車から派生した「馬車道（carraria）」とされ，馬車の通り抜けた後の轍（わだち）のことを意味したといわれる。転じて，歩んできた人生における軌跡，つまりその人の経歴・職歴などを意味するようになった。また，動詞は「疾駆する（currer）」であり，駿馬があちこち俊敏に向きを変えながら走り抜ける意味合いがある。さらにキャリアは，カリキュラムの語源ともされる競走用のコースを意味していたことからも，競争に打ち勝ち，目的に向かって乗り越えるべき行路，道，方法などの意味がある。つまり，子どもたちが人生において直面する困難な局面に対して，紆余曲折を

経ながらも，前向きな姿勢で乗り越えることによって，よりよいキャリア形成をめざすことを意図しているのである。

　従来のキャリア論では，キャリアを「職業上の経歴（ワーク・キャリア）」と，狭い範囲で理解するのが一般的であった。しかしながら，キャリアという用語自体が本来的には「生き方の履歴（ライフ・キャリア）」そのもの，換言すれば過去・現在・未来を貫く個人の生き様を意味していることに留意する必要がある。

　現在では，キャリアを「個々人が生涯にわたって遂行するさまざまな立場や役割の連鎖」とした，文部科学省「キャリア教育の推進に関する総合的調査研究協力者会議報告書」（2004年）における定義が一般的である。また同報告書は，「キャリア教育」を「キャリア」概念に基づき「児童生徒一人ひとりのキャリア発達を支援し，それぞれにふさわしいキャリアを形成していくために必要な意欲・態度や能力を育てる教育」と定義している。

　一方，中教審答申「新しい時代の義務教育を創造する」（2005年）において，学習指導要領の見直しで重視する項目として，「将来の職業や生活への見通しを与えるなど，学ぶことや働くこと，生きることの尊さを実感させる教育を充実し，学ぶ意欲を高めること」を示した。この観点は，キャリア教育を推進するうえで，きわめて重要な指標となるものといえる。

2節　キャリア教育への期待

1. キャリア教育の動向

　新規学卒者の早期離職の増加，若年者の高い失業率，フリーターやニートの急増，正規・非正規雇用者の格差といった問題だけではなく，若者の勤労意欲の低下や職業観・労働観の未成熟といった問題への対策として，キャリア教育への期待が高まっている。

　「キャリア教育」の文言が文部科学行政関係の審議会答申等で初めて登場したのは，中教審答申「初等中等教育と高等教育との接続の改善について」（1999年），いわゆる「接続答申」とされている。その基本方針の一つとして，教育課程におけるキャリアの学習，キャリアガイダンス，カウンセリング，インタ

表13-1 接続答申（1999年）以降のキャリア教育の展開

年　次	内　容
2000年	文部省「キャリア体験等進路指導改善事業」開始
2001年	文部科学省「キャリア教育実践モデル地域指定事業」開始
2003年	若者自立・挑戦戦略会議「若者自立・挑戦プラン」発表
	文部科学省，新キャリア教育プランなど「キャリア教育総合計画」策定
2004年	文部科学省「キャリア教育の推進に関する総合的調査研究協力者会議」最終報告
	若者自立・挑戦戦略会議「若者の自立・挑戦のためのアクションプラン」発表
	文部科学省「キャリア教育推進地域指定事業」開始
2006年	文部科学省，現代GPに「総合的キャリア教育の実践」のテーマ新設
	文部科学省，キャリアスタートウィーク等「キャリア教育実践プロジェクト」開始
	文部科学省「キャリア教育推進の手引き」発表
2007年	青少年育成推進本部・キャリア教育等推進会議「キャリア教育等推進プラン」発表

ーンシップなど，「学校教育と職業生活の接続」を図ることが強調された。そのために，児童・生徒・学生に「望ましい職業観・勤労観，職業に関する知識・技能，進路選択に必要な能力や心構え」などを養成する方策として，初等教育から高等教育にいたるキャリア教育が提案された。

そして，この「接続答申」を受けて，キャリア教育のあり方を示したのが，文部科学省の「キャリア教育の推進に関する総合的調査研究協力者会議報告書」である。報告書は，キャリア教育を「一人ひとりのキャリア発達や個としての自立を促す視点から，従来の教育の在り方を幅広く見直し，改革していくための理念」であるとし，全教育活動におけるキャリア教育の展開を求めている。以上の答申や報告書等を受けて，その趣旨や提言内容を具現化するために，表13-1に示す施策や事業が本格的に展開されることとなった。

これら一連の推進施策を概観すれば，キャリア教育政策が若者の雇用対策を最重要視していることが理解できる。そして，現在のキャリア教育政策は，文部科学省独自の施策ではなく，省庁横断的な政府レベルでの「若者就労支援策」の一環として展開されていることも特徴的である。

2. キャリア教育のめざすもの

キャリア教育では，子どもたちが自らの個性や適性を自覚し，主体的に進路

を選択し，社会的に自立を果たしていくことが求められている。そのためには，具体的にどのようなスキルや能力を獲得すべきであろうか。

(1) スキル・レベル

キャリア教育で獲得すべきスキルとして，次のことがあげられる（川嶋，2008）。すなわち，①あらゆる職業を越えて活用できる「移転可能」なスキル（Generic Skills），②ある「職業」に必要な特定の「技術的」スキル（Vocational Skills），③ある特定の「組織」で必要なスキル（Employer-wide Skills），④ある特定の「仕事」に必要なスキル（Job-specific Skills）である。

特にキャリア教育の到達目標とされるものがジェネリック・スキル（英国内閣府：2001 年）であり，具体的なスキルとして，コミュニケーション，数的能力，問題解決力，チームワーキング，IT 活用力，批判的思考力，業務管理力，価値・態度（やる気，規律，判断力，リーダーシップ，進取性など）が提示されている。

(2) 能力レベル

代表的なものは，文部科学省「キャリア教育の推進に関する総合的調査研究協力者会議報告書」において提示された能力項目である。すなわち，子どもたちがキャリア教育を通じて身につけるべき能力（competency）として，「人間関係形成能力」「情報活用能力」「将来設計能力」「意思決定能力」の4項目を示している。そして，個々のキャリア発達に即して，小・中・高等学校のそれぞれの学校段階における各能力の到達目標が系統的に明示されている。

企業側の立場からは，経済産業省が 2006 年に提唱した「社会人基礎力」が代表的なもので，これは，①前に踏み出す力（アクション），②考え抜く力（シンキング），③チームで働く力（チームワーク）の3分類，計 12 の能力要素から構成されている。一方，厚生労働省も 2006 年に，「就職基礎能力」として，①コミュニケーション能力，②職業人意識，③基礎学力，④ビジネスマナー，⑤資格取得の5分類，計 12 の能力要素を示している。

同様に日本経済団体連合会は，「主体的なキャリア形成の必要性と支援のあり方〜組織と個人の視点のマッチング〜」（2006 年）において，「産業界が求める3つの力」として，①志と心，②行動力，③知力と，その下位能力を計 18 項目に分類整理している。

(3) 職業適合性に基づく全体構造モデル

　これまで，キャリア教育で求められる内容について，主にスキルと能力の側面から列挙してきたが，これらは主観論や経験論の立場から述べられることも少なくない。キャリア教育の基礎理論としては，Parsons, F. の職業選択理論，Holland, J. L. の職業的パーソナリティ理論などが，実証的なアプローチとして有用とされている（仙崎ら，2008）。とりわけ，Super, D. E. が示した職業適合性の枠組みは，古典的ではあるがキャリア教育のめざす包括的な指標となるであろう（Super による「キャリア」の定義は 2 章を参照）。職業適合性は，人と職業（役割）とのふさわしさを表わしており，その構成要素を構造化したものが図 13-1 である。

　職業適合性は，大きく「能力（Abillity）」と「人格（パーソナリティ；Personality）」から構成されている。「能力」は，ある程度の正確さをもって測定可能であり，教育や訓練によって後天的に獲得が可能とされている。一方，「人格」は，生まれつき備わった素質ないしは資質的な側面であり，短期間で容易に改変することは困難である。たとえば，図のなかの「学力（achievement）」は，職業適合性を構成する全体構造からみれば一部の要素にすぎないことが理解できる。このような職業適合性に関する枠組みを参考にして，総合的に自己を理解することが，キャリア形成を図るための重要な第一歩となるのである。

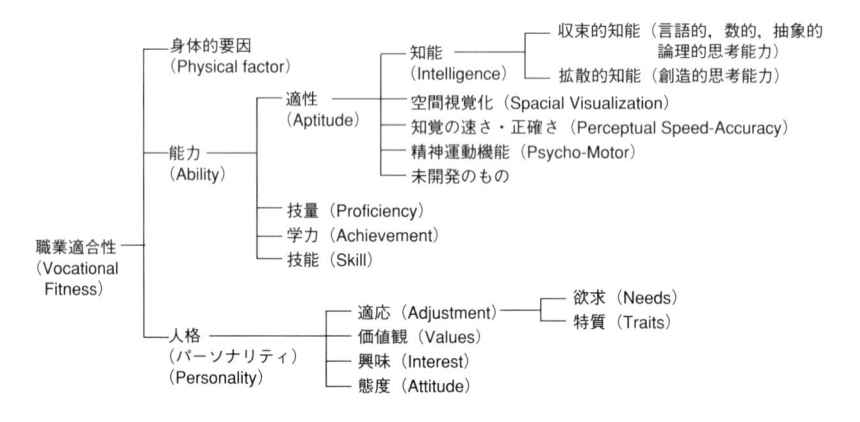

```
職業適合性          ┌─身体的要因
(Vocational         │ (Physical factor)
 Fitness)           │                    ┌─収束的知能（言語的，数的，抽象的
         ┌─能力──┤         ┌─知能──┤              論理的思考能力）
         │ (Ability)│         │(Intelligence)└─拡散的知能（創造的思考能力）
         │          │         │
         │          ├─適性──┼─空間視覚化（Spacial Visualization）
         │          │(Aptitude)├─知覚の速さ・正確さ（Perceptual Speed-Accuracy）
         │          │         ├─精神運動機能（Psycho-Motor）
         │          │         └─未開発のもの
         │          │
         │          ├─技量（Proficiency）
         │          ├─学力（Achievement）
         │          └─技能（Skill）
         │
         └─人格──┬─適応（Adjustment）──┬─欲求（Needs）
            (パーソナリティ)              └─特質（Traits）
             (Personality) ├─価値観（Values）
                           ├─興味（Interest）
                           └─態度（Attitude）
```

図 13-1　Super による職業適合性の要因（Super, 1957 を一部改変）

3節　キャリア教育をどう実践するか——経営的視点から

1. キャリア教育推進の方向

わが国におけるキャリア教育は，中教審のいわゆる「接続答申」（1999年）を契機にして，啓発・普及促進の段階を経て，現在は実践と検証の段階にいたりつつあるといえよう。キャリア教育をどう実践していくかについては，たとえば，文部科学省の「キャリア教育の推進に関する総合的調査研究協力者会議報告書」（2004年）では，キャリア教育推進のための方策として，①各発達段階に応じた「能力・態度」の育成を軸とした学習プログラムの開発，②各学校における教育課程への適切な位置づけと指導の工夫・改善，③体験活動等の活用（職場体験，インターンシップ）等，が提示されている。

また，政府の青少年育成推進本部に設置されたキャリア教育等推進会議の「キャリア教育等推進プラン」（2007年）においても，①小学校から大学院まで各学校段階を通じた，体系的なキャリア教育の推進，②関係機関等が連携し，学校，企業，保護者等の共通理解と協力のもとで，キャリア教育の実施に向けた連携強化と基盤整備の方向が打ち出された。①はタテ軸（時間軸）の連携，②はヨコ軸（空間軸）の連携に該当するもので，両者を統合したキャリア教育推進の方向性が強調されている。

それでは，具体的にキャリア教育を推進するためには，どのような点に留意すべきであろうか。特に重視しなければならないのが，いわゆるマネジメントサイクルの確立である。すなわち，計画（Plan）を実施（Do）し，評価（Check）して改善（Action）に結びつけるPDCAサイクルに基づいて，①キャリア教育のめざす目標が，具体的で明確であること，②目標が各学校や児童・生徒の実態に応じて，実施可能な内容であること，③教員がキャリア教育の意義と実践への計画，方法等を十分理解できていること，④教育活動の実施に際し，児童・生徒にどのような変化や効果が期待されるかなどが，具体的に示されていること，⑤評価方法が適切に示されていること，⑥教員が，評価の目的，方法等について理解し，適切に評価できる能力を有すること，⑦キャリア教育の推進体制が確立されていること，が経営的視点からの重要なポイントであるといえよう（文部科学省，2006）。

2．キャリア教育実践上の留意点
(1) 推進体制づくり
　キャリア教育の実践をめぐっては，これまで特定の教員の熱意に頼る比重が高く，組織的な対応となっていない傾向がみられた。しかし，これからの望ましい実践では，教員全体が取り組みの意義を共有して，組織をあげての計画的・継続的な活動として推進することが求められている。そのためには，キャリア教育の推進体制を確立し，教員が個々の役割や責任を明確に認識して展開する必要がある。教科・領域を含めた学校教育活動全体をとおして，校長等のリーダーシップのもとに学校をあげてキャリア教育にどう取り組むか，教員のキャリア教育への共通理解や意識をどう高めるかが，決定的に重要なポイントとなっている。

(2) ヨコ軸（空間軸）の連携とタテ軸（時間軸）の接続
　キャリア教育は当然のことであるが，学校内で完結するものではなく，学校と家庭，地域とがパートナーシップのもとに，各役割を自覚し，一体となった取り組みを進めることが求められる。職場体験（学習）やインターンシップ等の体験活動を円滑に実施し，キャリア教育を十全に展開するためには，家庭および地域との関係諸機関等と，ヨコ軸の連携を強化することが不可欠となる。
　一方では，小・中・高・大学間の接続が課題となっている。それぞれの学校段階から次の段階へと円滑に移行できないことが，学力不振，不適応児童・生徒，中途退学者を生み出してきた。初等教育から高等教育を通じた組織的・系統的なキャリア教育を実践するという観点から，学校種間の円滑なタテ軸の接続を図ることが求められている。具体的には，異なる学校間，校種間の連携協力を実践するために，教員の相互交流や児童・生徒・学生の異年齢による協働的な取り組みを積極的に推進しなければならない。

(3) 体験学習の重要性と評価の問題
　学校と社会とをつなぐキャリア教育の重要な施策として，職場体験学習（小・中学校）やインターンシップ（高等学校・大学）など，地域社会での体験学習が展開されている。これは，教室内の座学による知識や技能の伝達だけではなく，五感で学ぶ体験のなかから職業観や勤労観を形成しようとする教育方法である。

キャリア教育がめざす体験学習は、単に職業を体験させることが目的ではなく、キャリア教育の目標を達成するための手段であることを十分に認識して、「体験あって学びなし」とならないように全体計画を策定する必要がある。さらに、体験学習の課題として、成果をどう評価するのかという問題がある。一般に体験学習の事前・事後における変化で評価しようとする傾向がみられるし、児童・生徒・学生自身の感想レポートや教員による態度や行動の観察等の定性的な資料に基づいての評価が多い。

　しかし、体験直後の時点だけでは、その評価が困難な場合もあることに加えて、体験学習の効果がすぐには現われない教育効果の遅効性の問題もある。この意味で、学校卒業後の中長期のスパンでの追跡的な評価や、キャリア形成のプロセスを継続的に評価し自己管理するキャリアポートフォリオ等の活用による評価方法の工夫改善が求められる。

3. キャリア教育の課題と展望

　これまでの考察を通じて、キャリア教育を将来にわたって充実発展させていくための課題を整理し、今後の方向性を示してまとめに代えたい。

　第一に、キャリア教育の成否は、最終的にはその担い手である教員に大きくかかっていることから、研修等により自らがキャリアを開発できる教員が求められている。教職という職業に打ち込んでいる姿は、子どもにとって身近でリアルなキャリア・デザイン（設計）のモデルともなり得る。キャリア教育の実践にあたっては、子どものモデルとして、まずは教員のキャリア形成力を高めることが先決である。教員は多忙であり、日々の教育実践に忙殺されてしまいがちである。未来に向きあって、じっくりと自己を省察する機会を確保することができるような配慮が特に重要となろう。

　第二は、人生全体（ライフスパン）を展望した生涯人生設計の視点である。キャリア教育は、将来を見通したうえで、子どもに「いま、大切なこと」「いま、努力すること」を考えさせながら、「生きること」「働くこと」「学ぶこと」を育んでいく総合的な教育活動である。ところが、多くの子どもは目先の上級学校進学のみが目標になり、その先の目標やそれ以外の目標は視野から欠落し、どのように働き、どう生きるかを真剣に考えない傾向にある。進学に必要な知

識レベルの学力を向上させるベクトルと，受験には直結しないが探索的で実践的なキャリア教育のベクトルを，どのように方向づけて融合させるかが大きな課題である。

　第三は，学校・地域循環型キャリア教育の展開である。キャリア教育の直接的な担い手である教員の継続的な実践により，まず子どもが変容する。次に，教員と子どものキャリア教育への取り組みが学校全体の活性化をもたらす。学校が活性化すると地域社会との連携がいっそう深化・拡大して，これが地域全体の活性化につながり，地域の教育力（家庭の教育力を含む）の向上に資する。そして，向上した地域の教育力が，さらに教員と子どものキャリア形成力を高めることに貢献する。このようなスパイラルを描くことのできるような，学校・地域循環型キャリア教育モデルの構築が求められている。

●●● 引用・参考文献

川嶋太津夫　2008　欧米の大学とコンピテンス論　IDE 現代の高等教育，498, 42-48.
国立教育政策研究所（編）　2007　キャリア教育への招待　東洋館出版社
児美川孝一郎　2007　権利としてのキャリア教育　明石書店
三村隆男　2008　新訂キャリア教育入門　実業之日本社
文部科学省　2006　キャリア教育推進の手引―児童生徒一人一人の勤労観，職業観を育てるために―
仙崎　武・藤田晃之・三村隆男・鹿島研之助・池場　望・下村英雄（編）　2008　キャリア教育の系譜と展開　雇用問題研究会
仙崎　武・池場　望・宮崎冴子　2002　21世紀のキャリア開発　文化書房博文社
Super, D. E.　1957　*Psychology of Careers*. New York: Harper & Brothers. 日本職業指導協会（訳）　1960　職業生活の心理学　誠信書房
渡辺三枝子（編）　2007　新版キャリアの心理学　ナカニシヤ出版
山崎保寿（編）　2006　キャリア教育が高校を変える　学事出版
吉田辰雄・篠　翰　2007　進路指導・キャリア教育の理論と実践　日本文化科学社

14章 協働の文化をつくる学校

●●● 杉山浩之

　本章では,「協働の文化をつくる学校」の必要性と意義について,以下の3点から論じる。すなわち,一人ひとりの「個」が生きている学習集団を醸成する教育の意義,このような教育が「ヨコのつながり」のある「協働の文化」をつくり出すこと,そして筆者自身の「個の追究と学びあい」の現場実践である。
　子どもと教師の「追究（学び）」は,時間がきても終わらない「問題解決学習」であり,「人格の完成」をめざした,人間としての継続的な「学びあい」である。

1節　一人ひとりの「個」が生きている学習集団を醸成する教育

1.「だまされない,したたかに生きる子ども」を育てる教育

　集団のなかで一人ひとりの「個」は,生活経験や能力が違うユニークな存在として尊重されねばならないが,学校や社会ではそれを保障してきただろうか。1970年代の高度経済成長時代および90年代のバブル経済の崩壊を経て,2000年以降,われわれは経済・教育の格差社会を迎えている。能力主義や競争・成果主義はますます強まり,社会のゆがみが子どもたちに劣悪な教育環境をもたらしている。さらに「児童の権利に関する条約」が批准された（1994年）後も児童の「知る権利」や「意見の表明権」が十分に保障されているとはいえない。2006年に教育基本法が改正され,「個人の尊厳」「正義と責任」など戦後に培われた教育精神が受け継がれる一方,新たに「公共の精神」「我が国や郷

土を愛する」ことが加えられた。しかし，これらの教育改革では，いじめや不登校に苦しむ子どもたちに，救いの手が差し伸べられたとは言いがたい。

　子どもたちは一人ひとりが貴重なかけがえのない人生を歩んでいる。家庭生活を背負って，友だちとの人間関係をつくりながら，自然事象と心の交流を図り，一日一日を心と身体に刻み，いのちを紡いでいる。この感受性豊かな存在は，学校という社会の巨大な枠組みのなかで，心を躍らせたり，萎ませたり，どうしようもない大きな力に屈しながらも，いじらしく健気に生きている。時には，その枠組みのなかで窒息しそうになり，あふれ出ていく子どもがいれば，あふれ出る行き先もわからずさまよう子どももいる。こうした事態のなかで，教師たちが翻弄されることなく，動じない教育観をもたねば，最大の不幸は，未来を築く子どもたちに降りかかるのである。刹那的に生き，目先に追われた社会の大人たちに屈しない子どもを育てること。そのためには，「だまされない，したたかに生きる子ども」を育てること以外にはない。

　「だまされない，したたかに生きる子ども」とは，情報収集・選択能力および客観的・批判的な判断力を備えるとともに，コミュニケーション力と想像性に支えられた思考力があり，権力を恐れることのない勇気と信念，さらに正義感と謙虚さも備えた行動力，こうした能力を身につけた子どものことである。

2.「子どもの学びと教師の授業」との緊張関係

　学級の子どもたち20人には20通りの生き方がある。教師が提示した題材に子どもたちが出会ったとき，すべての子どもが違うとらえ方をする。教師は長い時間をかけて一人ひとりの子どもとかかわりながら，その子の人となり（個性）をとらえようとしている。それが集積されたカルテとなって子ども理解の支えとなっている。授業と授業の間には，ノートや作文をとおして子どもの学習状況を把握する。また，授業研究のために選んだ数人の着目児をみることで，その周りの子どもがみえてくる。この方法は何より，子どもの視点に立つことができ，子どもの心に寄り添い，個に応じた指導の糸口を得ることができる。

　授業において，子どもは日々変化し，成長している。授業中に他者の発言を聞いてさらに変化するであろう。だから，教師が一つの道筋で解決を迫ろうとすることは，子どもの学習や発達のニーズに即したものとはならず，学習意欲

を阻害することにさえなりかねない。教師にとって、こうした一人ひとりの個性を把握することは簡単なことではない。また、子どもたちを把握するたびに指導案は刻々と書き換えられなければならないし、目標を動かさざるを得ないこともある。子どもたちも教師も二度と還らない時間を過ごしているのである。時間をひとときも無駄にはできないという思い、そのなかに教師の仕事のやりがいや生きがいがある。そして、だからこそここに、「子どもと教師の間の緊張関係」が生まれるのである。子どもたちが瞬間、瞬間に変容と成長をし続けていることに対して、教師は謙虚にかかわりたいものである。

3. 教師が授業にあたり留意すべきこと

　教師自身が真理の前にあって、謙虚であり、わからないことは素直にわからないと認めるとき、子どもと教師がともに追究する姿勢が成り立つ。子どもは教師という一人の大人を介して、社会をみる目をもつともいえるが、学校の外ではすでに社会をよくみている。教師が社会への見方を規制しすぎてしまうと、子どもの感性や知性は抑圧されて考える力を伸ばすことができず、その成長を妨げてしまうおそれもある。また、いわゆる学力のうち、結果としての学んだ力（知識）は、教師のほうが優れている。しかし、未知なることに旺盛な好奇心を秘めていることから、「時として」学ぼうとする力は子どものほうが上である。ところが、教師は子どもの上に立って、心理的に優位な立場から、子どもの学習をコントロールしがちである。それは、もちろん指導の立場における役割からでもあるが、それがともすれば、子どもの感じ方や考え方、さらに学習意欲を規制してしまう。学習をプラスに働かせようとの工夫が、逆に作用することもあることに教師は留意しなければならない。子どもの実態をとらえることなく子どもの学習を操作したり、実態をとらえていると錯覚して奮闘したりする教師もいる。そうした危険を回避したいものである。子どもに判断する時間と場を与えることを大切にする教育を行ないたいものである。

2節　「ヨコのつながり」のある学級文化

1．「ともに学びあう」文化

　子どもどうしがお互いに自分をひらいて本音を受け入れあい，支えあい，学びあう場をつくる教師の活動のなかで，教師自身は一歩下がった地点から子どもを見守ることが大切である。そうすることで，一人ひとりの子どもが見えてくるであろう。また同時に前節で述べたような，子どもの前に立ちはだかっていた自分自身の姿を客観的に見つめる機会にもなるであろう。人間関係が深まった学級の子どもたちは，お互いの考え方や得意・不得意をよく知っている。そこでは子どもたちこそ，個に応じた学びあいをつくる主体者となる。そうしたお互いをよく知り，助けあい，励ましあう子どもたちを育てることが教師の仕事である。教育基本法にいう「公共の精神」とは，ともに学びあい，支えあうこと（協働の文化）ではないだろうか。学習集団においては，20人の子どもがいれば，20通りの個性豊かな学び方が生まれ，20通りの個性豊かな解決が出る。子どもも教師も真実の前に平等かつ謙虚に，追究する姿勢をもつとき，個性を発揮して「ともに育ちあう」文化が生まれる。個性があふれ出た学級では，お互いの感じ方や考え方の違いが具体的にはっきりと出ている。こうした学級文化のもとでは，子どもたちはそれぞれの「違い」を歓迎している。なぜなら，自分たちにとってその「違い」が成長の糧となるとわかっているからである。このようにして，「成長する学級」には，子どもたちが個性を前向きにメタ認知し，時には間違うことこそよい学びにつながるという価値観が不可欠であることがわかる。「一病息災」の考え方である。

2．学級が「子どもが本音で生きる居場所」となること

　ところで，人は誰でも居場所を必要としている。居場所とは自己をひらいて，本音で生きられる場である。そういう場所にあって初めて，子どもは自分の考えで行動する自立した存在となれる。もちろん，お互いに依存したり，対立することも発達の過程では自然にみられることである。集団形成の初期には，支えあい，励ましあう人間関係ができているわけではない。子どもたちは学習や生活などさまざまな教育活動の場面で，自分を謙虚に見直しあうという人間的

な交わりをとおして成長していくのである。

　このように，本音で語りあいながら「個性的な思考」を交流しあうことで，ともに学んでいく仲間づくりが「共存の感情」（重松，1971）に支えられた学級というものである。この風土は自然と学校全体に広がっていく。こうして一人ひとりが自立した個として存在するときに，個の集まりとしての集団は常に変化し，成長を遂げる集団へと変化する。このような集団としての発展とは，信頼関係が深まり，共同（協働）的な問題解決ができるようになることである。個が育たなければ集団は育たない。集団を先に育てようとしてもそれでは個が埋没した全体主義となる。

　「はじめに子どもありき」ということばがある。「はじめに言葉ありき」（ヨハネ福音書の冒頭）にならった言い方である。「はじめに子どもありき」とは，教材でいうと，それらはまず初めに子どもの興味や生活に適したものであるべきだということである。また，学習法では，子どもの学びに適した方法を工夫するべきということになる。つまり，既存の学問体系に照らした教科や教材がまずあるのではなく，子どもの生活をよく調べ，子どもの実態（興味，知識，能力など）から人格の完成に向けた発達に必要なニーズに基づいて教育内容と方法を考えるということである。これは児童中心の教育のもとになった哲学である。

　筆者はさらに，「はじめに朝の会ありき」を提唱したいと考えている。朝の会は，表現活動の場である。健康観察の挨拶は内容よりも「元気な声」を出すことが大切である。元気な声とは大きければよいというものではなく，学習意欲を確認するために行なうのである。また，スピーチや「お知らせ」など「自由発表とおたずね」による話しあいでは，短時間ではあるが問題解決の学習ができる。自由な雰囲気のなかで思い思いの表現ができる。子どもの学習活動において最も重視されるべきなのは，表現活動である。その土台づくりを朝の会で行なうことができるのである。話しあいのできる学級では，朝の会で子どもたちが元気である。

　不思議な自然事象との出会いや，問題性の高い社会事象との出会いが感動を呼び起こす。感動が行動を起こす。日常の生活からの学びあいは，朝の会から始められる。現場調査や話しあい学習により，世の中の真実へとアプローチし

続ける追究によって,「だまされない,したたかに生きる」子どもを育てたい。

3. 社会における「タテとヨコの関係」のバランス

　子どもと教師の関係だけでなく,教師集団と教育行政関係者も「ともに学びあう」という協働の文化をもつ必要がある。教育改革も省察なくして前進はあり得ない。たとえば,全国一斉学力テストの有効性を検証するためには,経年的実績データを綿密に分析し,社会背景や教育実績との関係性を実証する必要がある。そこから次の教育改革へと手が打たれるのである。この省察は,学習場面,学級経営,学校経営,教育行政に共通するものである。どんな社会であっても人間関係や情報交流において,タテ(時間的)の関係とヨコ(空間的)の関係とのバランスを欠けば,その社会は生き生きとしたものにはならない。学校社会も同じで,まず教師集団におけるヨコの関係が成立してこそ,学級において文化の継承と創造というタテのつながりが醸成されるのである。

　今後の教育改革において,国と地方公共団体の役割分担と協力が構想されている。教師・学校・教育委員会の(自己・第三者)評価の時代でもある。いま,われわれは,タテの関係においても,ヨコの関係においても,公共の精神や社会常識をふまえたうえで,事なかれ主義を脱して,本音で表現できる教育界をつくらなければならない。教師一人ひとりの個と集団の関係も学校組織において重要である。教師の専門的な自律性が相互に緊張関係を保ちつつ,高められていくように見守ることが,校長をはじめとする管理職の役割として不可欠である。

3 節　授業研究と教育・保育職をめざす学生への支援

　これまでは,「だまされない,したたかに生きる子ども」を育てる重要性と,学級文化における「ヨコのつながり」の重要性を述べてきた。それでは,そのような教育を実現するために,教師にはいかなる学びが必要なのだろうか。以下,筆者の実践を紹介する。

1. 授業研究と教師の学び

　教師の授業研究を支援する研究者の役割は，まず授業を視察し，教師の言動や教材研究をふまえて，子どもの学習状態を把握することが初めにある。子どもたちの学習の実態を客観的に判断し，自分ならどう授業をするかを考え，教師に伝えてみる。教師が子どもをどうとらえ，どのような理由で言動を起こしたかを尋ね，教師が自ら自問自答する方向へ導いてみる。筆者はこのように，研究者と教師がそれぞれの立場でともに考えるという姿勢が大切だと考えている。第三者的に授業が良いとか悪いと判断するのではなく，子どもの学習についてお互いに考えを交換しあうことが重要なのである。筆者の目は，教師（授業者）に向かうのではなく，まず子ども（学習者）に向かう。それから授業者と対話する。平等な立場で。子どもと教師も同様な関係であると考えたい。学びは一人ひとりが異なるものである。授業研究のために選んだ数人の着目児を例に出して，学びの過程の典型的な特徴を取り出し，教師の働きかけの適切さを判断していく。

　筆者は，2005〜2007年度，N県の公立小学校において，子どもたちの学習場面を3〜4時間ほど観察し，研究授業の批評やアドバイスをさせていただいた。授業後の協議会では，授業者と筆者で授業をめぐる意見交換を行ない，できるだけ本音で，前向きにこれからの指導のあり方をどうするかを考えあった。いまの指導がどういう状態にあるか，子どもたちの学びがどういう状態であるかを批評した。筆者の目に映ったものと，授業者の目に映っているものとは，当然ズレがあった。だからこそ，意見交換をする意味があったのである。

2. 保育実習報告会を自主運営する学生の学び

　次に，大学における筆者の教育実践を取り上げてみたい。

　保育士養成課程では，実習の後，事後指導を行なっている。筆者は最も効果的な事後学習は，学生主体の実習報告会であると考えて，保育専門部会の教員の協働体制で実践を積み重ねている。すなわち，教員側からの発案で，学生が実行委員会を組織し，グループ研究テーマの決定，グループ編成，報告会のプログラム，報告会後の討論会や反省会などの企画を学生が自ら考えるというものである。大学教員が支援するシステムができ上がるまでに，数年の研究を

経てきた。初年度は，テーマグループでの討議と発表（質疑を含む），2年目は個人報告書（実習前に設定する「目標と課題」に照らした省察を主としたもの）の発表（質疑を含む），さらに3年目は，グループ研究の時間を長くとり，グループで報告書も作成するなどして改革を重ねてきた。そして最後にたどりついたのが，「学生の，学生による，学生のための」実習報告会であった（2007年度）。それまでは，いわば大学教員主導の報告会であって，学生は受身であった。それでも，個人報告書は，学生の実習実態がよくわかるもので，読みごたえのある力作であった。様式も教員が決め，教育効果の高いものであったと思う。改善を重ねた個人報告書の様式は，学生が決めたものを教員が追認するという形で，すべてが学生の決定によるものとなった。学生（2～3年生）は実習前年度に上級生の報告会（グループ討論や全体会）に参加する。つまり，教員主導型の1度目の実習報告会に参加し，2度目は学生主体の報告会に参加する。そして，同様にして自分たちの報告会を2度経験する。しかし，学生主体とはいえ学生が全権を握って，すべてを企画し運営するのではなく，あくまで教員が支援し，見守るという協働によって，事後指導の一部を完結するという考え方である。ちなみに事後指導は，この後の「実習評価票の開示（自己評価との比較を含む）と面談」を経て終了する。こうした学習は，学習者の一人学習とグループ・全体での学習をふまえた報告と質疑，話しあい，教員のコメントという一連の学習過程を経て行なわれている。要するに，個の追究と集団での学びあいをとおした学生と教員による協働文化の創造である。

　今後の方向性の一案として，一人ひとりの相互の学びあいをさらに深めるために，ポスター発表のようなブース方式での交流が考えられる。常に全員が情報交換しあい，自己の体験と他者の経験をつきあわせ，保育士としての学びを深める場を創出したいと考えている。そうした発想は学生の思いからも萌芽している。学生のこのような成長にふれるたび，筆者は今後も実習報告会を含む事後学習の主体者であり実習体験を経た学生とともに専門職養成のあり方を考えていく立場を貫きたいと考える。

3．話しあい学習における学生の学び

　「総合演習」（3年次）は，教職課程および保育士課程必修の専門科目であり，

通年（30回）を分野が異なる3人で分担している。1クラス30～40名の編成で，10回の授業で1つの分野が完結することになる。筆者は主に社会科学分野の学習を担当している。2008年度は「胎児診断」「赤ちゃんポスト」「子どもが乳児期のフルタイムの共働き」「小学生の携帯所持」「幼・小学校での英語教育」「女性専用車両」「成人18歳制度」「死刑制度」をテーマに，グループでの調べ学習と報告（半ディベート方式）を行なった。ほとんどのテーマは，学生と協議して設定したものであるが，「死刑制度」は教員の要望である。半ディベート方式とした理由は，科目のねらいを「論理で勝ち負けを競う」ことよりも，「全員でさまざまな立場に立って考えあう」こととしたからである。学習過程は，テーマ・グループを構成する概要説明担当とテーマに対する肯定派と反対派の三者の報告（約30分）とその後の全体討議（40分），教員のコメント（10分），個人のまとめ（200字程度，10分）という流れで行なった。また1コマ（90分）につき1テーマとした。筆者は担当者として1年目であるが，反省点としては，討論参加の学生がやや偏った点，グループ報告の準備時間の不足から討論の深まりが不十分であった点などがあげられるが，この両者は同根であろう。

一連の学習を修了した学生の「振り返りワークシート」から学習成果を一部紹介する。

> Aさんは，この授業の意義を感じて学習意欲を高めており（前半），「一人で考えるよりも皆で考えを深める」ことのよさに気づき，「一人よりも何倍もの学びにできる」と述べている（後半）。
> Bさんは，「討論しあうこと」が自分の考え方を深めたり，視野を広げていることに気づき（前半），現代社会の諸問題をさらに考えようとしている（後半）。
> Cさんは，「自分の意見・立場にこだわりすぎて，逆の意見を聞くことをあまりしなかった」という自分に気づき（前半），問題を追究していくことの意味に気づいている（後半）。

「振り返りワークシート」からは，学生の意見が話しあいによって次々と変化していったことが読み取れる。話しあいのこのようなダイナミズムについ

て，上田（1992）は次のように述べている。

> 話しあいは具体的には，決して完全な一致に到達しない。しかしそれにもかかわらず，いやそれゆえにこそ，話しあいは意味があり，有用なのである。一致するかのごとく，しかも実は破れるということこそ，さらに深く新しい話しあいをよびおこすものであり，話しあいが実践に対して意味を持つことなのである。……。よい話しあいにおいては，くいちがいがうずめられ，新しいバランスを生みだしては，またそれがこわされるのである。かたまるごとに，それがつき崩されるのである。それは決してからまわりではない。すこしずつ具体的に可能なかぎりにおいて前進を続けていく以外に道はないのである。
>
> （上田，1992）

4節　おわりに

本章の要点は次のようにまとめられる。

第一に，いかなる社会環境においても「だまされない，したたかに生きる」力を子どもたちが身につけるためには，子どもたちが自由に本音で語りあえる学級・学校において，問題をめぐって討論し，どこまでも追究していく学習意欲や姿勢を育てることが必要である。これは教師においても同様である。

第二に，一人ひとりの考えや当事者・関係者などの意識・思いなどが自由に表現できる集団や組織であることが，集団や組織の発展や問題解決に向けて不可欠なことである。こうした協働の文化は，子どもたちの学習集団にとどまらず，子どもと教師の関係，学校内の教師集団，学校を取り巻く教育行政の組織，保護者などの地域組織においても必要である。

第三に，この共通認識をもって，学校教育の諸課題を解決していくことが，教育基本法にある「公共の精神」ではないかということである。学校において子どもも含めた教育にかかわるすべての者が協働の文化をつくることは，課題が多い現代社会における人権保障という視点からも有意義である。学校の常識が世間の非常識と言われないためにも。

●●● **引用・参考文献**

重松鷹泰　1971　初等教育原理　国土社
杉山浩之　2007　教育よ，子どもと自然に還ろう！　三学出版
杉山浩之・守屋　淳（編）　2003　個が育ちあう授業をつくる　ミネルヴァ書房
上田　薫　1992　知られざる教育　上田薫著作集（第1巻）　黎明書房

15章 カリキュラムを経営する

●●● 福本昌之

　本章では、カリキュラムを「経営」することを考える。そのために、3つの視点を中心に議論をすすめる。第一は「いま、なぜカリキュラムか」という問題、第二は「教育課程」と「カリキュラム」という概念の異同、第三はカリキュラム・マネジメントである。言うまでもなく、学校で行なわれる教育には計画性、体系性、組織性が求められ、その絶えざる改善策としてマネジメントの発想が取り入れられてきている。しかしながら、その形式にだけ捕らわれすぎては、内実を失うことがある。そこで、カリキュラムを学校の中核としてとらえ、教育をつくるという実践のあり方を論じる。

1節　いま、なぜカリキュラムか

　今日の教育改革は文字どおりの構造改革を進捗させている。それを本章では端的に教育の事業化とよんでおく。教育基本法を例に説明しよう。旧法の前文は、平和国家という「この理想の実現は、根本において教育の力にまつべきものである」と教育に理想を託そうとする精神を謳っていた。しかし、2006年に改正された新法では「我々は、この理想を実現するため、個人の尊厳を重んじ……新しい文化の創造を目指す教育を推進する」と、国家の営為の一部であることが明確に宣言された。この意味において教育は、理想から事業へと質を転換し、事業として求められるさまざまな利害に対する回路も開くこととなった。

　この一連の教育改革論は、競争原理の導入や顧客主義など民間の経営手法を

公的部門に応用したNPM（New Public Management）型ガバナンスとよばれるものに属し，教育を「事業」としてとらえ，政治的・社会的信頼を勝ち得ることを重視してマクロレベルでの統制を目論む。企業経営の手法を教育の経営にも適用し，事業手段としての教育経営を展開するものであり，端的にいえば学校は「成果」重視の経営環境下に置かれたことになる。

　教育が事業化すれば，学校は一定の成果をわかりやすい形で示すことが求められる。しかし，これまで学校は教育の成果を必ずしも説明する必要がなかった。一つには専門性という壁が構築されていたからであり，また一つには，教育について社会的に合意がなされていたからである。特に，学校の提供するあらゆる過程そのものが教育であるという見方は，それ自体で学校の存在と機能を正当化する役割を果たしてきた。教育基本法の謳う「人格の完成」という教育の目的も，学卒者が社会に出た後に一人前の成人になるという共同関係を前提として，見かけの成果以上に学校で積まれるさまざまな暗黙の経験を尊重することによって成り立っていた。

　ところが，いまやそのような合意は急速に薄れつつある。わかりやすい現実的な成果を求めるNPM状況下では，単なる理想は説得力を失ってきた。

　教育関係者は，「わかりやすさ」あるいは「説明責任」というNPMの現実的な要請に対応する適切な応答ができず，教育への利害関心をもつ教育の非専門家に教育改革の主導権を奪われてしまったように見受けられる。

　このような状況にある学校にとっては，教育の重視という本来の姿に立ち返り，教育機関として何を行なっているかについて公正な説得力のある説明責任を果たす以外の方法はない。

　これまで学校は教育の専門性を楯とし社会的機能や役割について合意がなされているということを前提としてきたため，外部への説明を不要と考え，説明不足があったことは否めない。またその根底には総体としての教育実践に対する省察を重視してこなかったという面もある。そこで重要になってくるのが学校の教育活動すなわちカリキュラムを「経営する」という視点である。

　「自分の歩むコース，履歴」を原意とするラテン語のcurrereを語源とするカリキュラムという語は頻繁に用いられる語だが，その概念の意味する内容は一様ではなく，研究思潮の影響を強く受ける。学校教育を市民や国民の関与す

べきものとする意識が強く,「カリキュラム」が必然重要な研究テーマとなってきた欧米では,日本に比して非常に多くの研究がなされ,その研究対象および研究領域も多岐にわたる。研究対象としてのカリキュラムは,教育機関が提供する教育内容や方法の計画だけでなく,学習者が体験し蓄積される有形・無形の経験を含むもの,すなわち学習経験の総体として定義される。

　本章では,教育を経営するという立場からカリキュラムをとらえ,学校の教育活動全体にかかわってデザインされ実行され習得された学習内容の総体としてカリキュラムを位置づける。そして学校の教育活動の経営をカリキュラム・マネジメントとよぶこととする。教育を情報・知識提供産業としてのサービス産業の一部と考える産業主義の教育観においても,教育は基本的には消費価値ではないととらえる教養主義の教育観においても教育のデザインは不可欠である。カリキュラム・マネジメントという視点は教育のデザインを重視する。

2 節　教育課程経営論とカリキュラム・マネジメントの異同

　本節では従来から教育課程経営とよばれてきたものと,カリキュラム・マネジメントの違いについて述べる。あえてカリキュラム・マネジメントとよぶのは従来の教育課程の経営が教育と経営の分離を出発点にしているからである。

1. これまでの教育課程経営論の特徴―教育実践と教育管理の分離
(1) 内的事項と外的事項
　教育行政は,「教育の目的を遂行するに必要な諸条件の整備確立を目標として行われなければならない」という旧教育基本法第10条2項の規定は,結果として学校教育に対して内的事項(教育内容など)と外的事項(教育条件など)の区分をもたらす論拠とされた。ただし,教科書裁判にかかわる最高裁の最終判例では,教師の裁量を認めつつも公の支配に服することが確認されている。しかし長期間の裁判の過程で構築された論理は,教師の教育権など学校の内部過程に影響を与えた。

　この内的事項／外的事項の二項区分は肯定的に評価される面もあるが,結果として教育と経営の二分論をもたらしてきた。学校で実際に行なわれる教育内

容は学校組織内部の専権事項とされ，ゆえにその不透明性も生み出した。専門性に立脚した教育の自由（教師の教育権）の論理は個々の教師／学年集団／教科集団の各々のレベルでの自律性に寄与したが，一方で各々のレベルで自己完結的な意識を生み出し，教育活動を組織的に展開し，組織として教育課程編成を行なう観点からは障壁になる場合もあったと考えられる。それは同時に，教育実践が自分たちだけで了解できる世界のものとされ，結果として他者に対して説明しにくい状況が生まれたことと無関係ではない。

(2) 学習指導要領・教育課程・カリキュラム

　学習指導要領もまた，教科の枠組みとして拘束力を発揮したため，内部からの説明不要の状況に利した。ここで重要なのは，学習指導要領が形式的な手順とミクロレベルの内容基準を規定したため，教育を経営するうえで最も本質的なカリキュラムづくりを形骸化させる要素を含んでいたことである。すなわち学習指導要領は course of study（指導書）そのものであり，したがって，教育課程とは教育行政が教育現場に対して指示した「標準的な教育内容」の計画書を意味するものになった（高野，1989）。

　周知のとおり，教育課程は curriculum の訳語である。戦前は諸教科の課程や教育内容を組織した教育計画として「教科課程」「学科課程」とよばれていた。戦後，米国での原語の使い方になぞらえ「教科／学科」から「教育」へという語が用いられるにいたるが，その内実は教科課程の枠組みを超えるものではなく，上述の「カリキュラム」に比べれば意味範疇は限定的である。

　教育基本法はマクロレベルで国家の教育理念の枠組みを示し，学習指導要領はミクロレベルで教育内容の細目を規定する全国統一基準だが，その中間項に位置する各学校の教育課程編成に関しては標準時数だけが所与とされる。学習指導要領は「教育課程は各学校が主体的に編成するものとする」と規定するが，編成された教育課程は教育課程表として官製の仕様に沿って届出文書として作成され，その形式を重視するあまり教師はその内実に対して深くかかわれない状況さえ生まれる。その結果，教育課程経営という概念が，基本的には時間割－教師－教材－教室・教具（そして教育課程表の作成と届け出）という枠組みのなかで行なわれる調整活動だととらえられることになる。

(3) 教育課程経営論の類型

　学校にかかわる内的事項／外的事項という視点からとらえると，教育課程経営に関する知見には3つの立場がある。①主として外的事項に属するもの，②主として内的事項に属するもの，③外的事項と内的事項の接合の役目を果たすものである。①に属するものは，教育内容のとらえ直しを重視しつつも条件整備活動に重点を置く。②は，理論的には，学習者にとって必要な教育内容を中心に据え，そのうえでどのような教育の全体像を描くかという立場に立つ。したがって教育内容・方法の問題として領域設定され，主として教育方法学や教科教育学の研究対象とされる。

　教育経営学の立場からの理解は③に属するものである。安彦（1983）は，「教育課程の経営という分野が理論と実践を結ぶ要」であることを強調し，「教育課程経営が『教育方法学』とくに教育課程構成法と『教育経営学』とくに学校経営学との交差する部分の活動であり，教育方法学の成果を学校において具体的に実体化させる活動である」と述べる。この立場はあらかじめ教育と経営の二分を前提とし，その統合をめざす志向であるということを確認する必要がある。

2．学校経営戦略としてのカリキュラム・マネジメント

　日本では学習指導要領において示された教育内容が教育課程だと考えられる傾向があることは先に指摘したが，本来のカリキュラムはどのような手続きにおいて構築されるのだろうか。典型的には，①「学習者についての研究」「現代生活の研究」「教科専門家の示唆」から教育目標を設定し，②目標達成のために必要な学習経験の明確化，③これらの学習経験の組織化，④目標達成の評価，からなるいわゆるタイラー原理をあげることができる。学習者にふさわしい教育内容を中心に据えるといういわば必然的なこの立場は，教育と経営を統合しようとするカリキュラム・マネジメントのための基本的な視座である。

　行政文書にカリキュラム・マネジメントという語が登場するのは，2003年の中央教育審議会答申「初等中等教育における当面の教育課程および指導の充実・改善方策について」で，「校長や教員等が学習指導要領や教育課程について理解を深め教育課程の開発や経営（カリキュラム・マネジメント）に関する

能力を養う」と記された。

　ただし，研究レベルにおいては「教育課程の開発や研究」を校長や教師が行なうことはこれまでにも提起されており，「教育課程経営」と表現してきた従来の研究にもこのようなカリキュラム・マネジメントが含意されていることには留意を要する。

　坂本（1986）は，教育課程経営という概念が必要視された背景として「我が国では，教科書や教師用指導書に頼った指導が一般化して学校の教育課程の必要性に対する認識が低かったこと，教師が積極的に参加して教育課程を編成・実施・評価するという考え方が確立していなかったことなど」を指摘している。

　高野（1989）は学校経営現代化の文脈から，学校経営における教育課程経営の位置と概念を明確にするなど理論的な先導をした。教育課程の経営管理の総体を教育課程経営とよび，教育課程の PDS（Plan-Do-See）サイクルの経営民主化を基底に据えるとともに経営を合理化し，創造性開発をめざすことを提唱した。

　学校独自の個性的な教育課程経営および授業経営の方式を最適化し，教師が教育課程の経営過程に単なるカリキュラムの実施者としてではなく，カリキュラムの計画者として参画する民主的経営参加方式を高野は重視した。所与の目標や教科書に則って最適化をめざすという点で，後述のカリキュラム・マネジメントとの違いはあるが，ここで提起された教育課程経営の考えは，教育課程開発や教育課程改善を進めるうえでの基盤的概念として，また学校改善を志向する学校経営の中核として位置づけられる。

3 節　カリキュラム・マネジメントの意義

　カリキュラム・マネジメントは品質管理という現実的要請にこたえつつ，学校経営の中核を「カリキュラムづくり」として提案する視座をもつ。そのための理論的枠組みを紹介する。

1. カリキュラムづくり

　2005 年 10 月の中教審答申「新しい時代の義務教育を創造する」は質を保証

する教育システムへの転換を謳っている。「学校の教育力、すなわち「学校力」を強化し、「教師力」を強化し、それを通じて、子どもたちの「人間力」を豊かに育てること」を改革の目標の一つとして打ち出し、「学校は、自主性・自律性の確立のため、権限と責任を持つとともに、保護者・住民の参画と評価で透明性を高め説明責任を果たすシステムを確立する」ことが求められる。

このような公教育の転換が意図するものに従えば、カリキュラム・マネジメントは学校の組織戦略の中核として期待される。たとえば「どのような学びを育むか」という成果重視の立場に立ったとしても、教師たちがカリキュラムづくりの重心を教科書・教材から子どもの学習経験に移し、そこから学校の教育の経営が始まるからである。

カリキュラムを「経営（マネジメント）する」という視点からとらえることが重要なのは、現場の情報を生かし、目的と手段の適合性、ニーズと目的の適合性など各々の具体的な行為を全体的な枠組みにおいて体系的に位置づけ統合する、という視点に立つからである。

その点では、従来の教育課程経営の主眼は学習指導要領の要求する学習内容を排列することに重きを置く「管理」の発想に立つものである。あたかもジグソーパズルのように、所与の既製のパーツを組み上げることでカリキュラムの完成型ができ上がるので、その「正しい組み合わせ方」を創案するのが、教育課程編成であるととらえられることさえある。

現行の制度枠組みをみれば、そのようにならざるを得ないという事情があるとしても、カリキュラムづくりにおいて重要なのは、学習者を中心に据えて、学習内容についてその範囲（スコープ）と排列（シークエンス）において構造化してとらえるという視点である。したがって、カリキュラム研究は各学校において行なわれねばならないし、学校の「実践」を起点にしなければならない。この点で教材を開発し蓄積することは重要であるが、これはカリキュラムづくりと同一ではない。教材はカリキュラムの手段であり、そのものではないからである。

2. カリキュラム・マネジメントの過程

従来の教育課程経営を「枠組み」に合わせた定型的な文書の作成とやや限定

的・否定的にとらえるならば，各学校がその自律性を生かして行なうカリキュラム・マネジメントの過程はどのようにとらえられるだろうか。

English & Larson（1996）は，カリキュラム・マネジメントの過程を，大きく「デザイン」（設計図を描くこと）と「実施」（設計図に従って実践をつくり上げていくこと）の2段階からなる循環過程としてとらえる（図15-1）。両者は循環的な過程であり，カリキュラムの構築，開発，という設計段階の次に，実施，フィードバック，評価という実施段階を経て，再び，修正および定着（あるいは破棄）という設計段階の原点に立ち返り，再び，構築→開発→…という循環に戻る。各々の諸過程は，一方向的にではなく，還流的に相互作用する。各々の作業段階は教育にかかわる人々が関与でき，有益な情報や知見を積極的に採用していく開かれたシステムとしてデザインされ，機能していくことが重要である。

この一連のサイクルは，教育課程経営においても強調されてきたPDCA（Plan-Do-Check-Action）サイクルと似ている。しかし，カリキュラム・マネジメントは子どもの学習経験の現状をよく観察することに起点があり，しかも，必要であればカリキュラム全体の見直しをも射程に入れている点が重要である。いわば，実態を観察し，問題点を改善し，そこから計画を立て，実施する。換言すればCheck → Action → Plan → Do というステップを踏むことになる。

カリキュラム・マネジメントという営みは，教科課程や教科間に関連する設計図を作成することだけではなく，教育を中心とする学校の組織文化を確立す

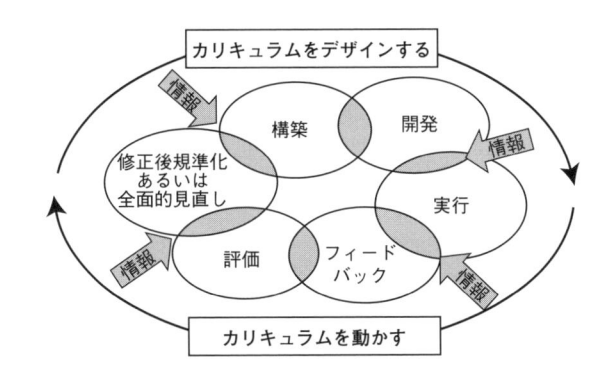

図15-1 カリキュラム・マネジメントの概要（English & Larson, 1996, p.14 をもとに作成）

ることをめざす。教科の内容や方法にとどまらず，教育の理念や教育活動の構造について，具体的実践をもとにして教師が考えるプロセスを定着させ，実際にその学校が求める改革の要諦とする。カリキュラムとは現場の知の結実であり，カリキュラム・マネジメントとは現場の知を創出し，蓄積し，共有する過程にかかわる組織的営為であり学校の教育経営戦略である。これが教育の経営の中核としてのカリキュラム・マネジメントの意義である。

さらに，English & Larson はカリキュラムの「アライメント（適合性保証）」が重要であると指摘する（図 15-2）。前述のとおり，カリキュラムには，計画（デザイン），実施（教授者の実践），習得内容（学習者の経験総体）の 3 要素があるが，その調和がきわめて重要である。たとえば，どんなに高邁な理想においてデザインされたカリキュラムであっても，実施者の力量や学習者のレディネスを無視したものであれば，十分な成果をあげることはできない。どんなに高度な専門性をもつ教師がいても，学習のデザインや生徒のレディネスとのミスマッチがあれば，同様に効果的なカリキュラムが実施されているとはいえない。

きわめて常識的だが，学習者に与えるべき学習内容の範囲（スコープ）と排列（シークエンス）の交点としての学習内容を取り出し，この 3 つの要素が適合することが重要なのであり，逆にいえばこの 3 要素を適合させるような取り

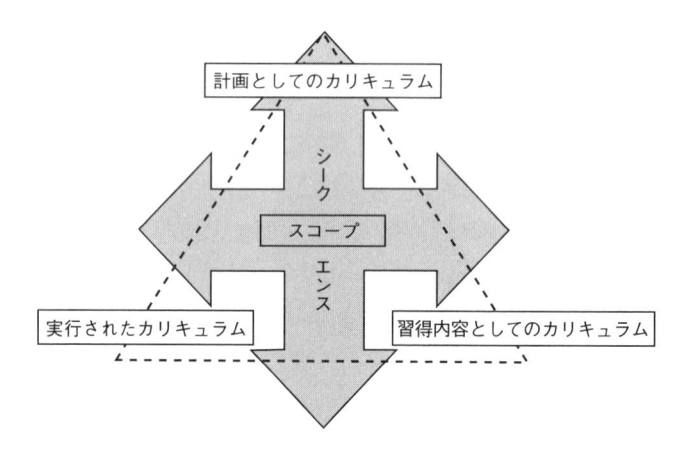

図 15-2 カリキュラムの適合性の保証（English & Larson, 1996, p.106 をもとに作成）

組みがカリキュラム・マネジメントの本質である。

4 節　おわりに

　教育課程という枠組み自体は官僚制に立脚した教育統制の必然として存続し続ける可能性が強い。その一方で「カリキュラム」は脚光を浴びることになり，かつて自主カリキュラムとよばれていた時代の輝きを取り戻すかもしれない。

　岡東（1994）は自身の中学生時代の母校の教育活動を分析的に回顧しながら，「学校経営は『教育』の経営が中核」であると主張する。同校の教師は自発協同学習を「創案し，発見し，開発してきた」のであり，「学校経営や教育方法は教育効果をあげる単なる技術であったり人や物の操作であったりするのではなく，教育理念を具現化する活動だと見なされていた」ことを重視する。この実践が行なわれていた1950年代は，学習指導要領による拘束が弱く，教師たちによる自主カリキュラムの開発がさかんに実践されていた時期である。

　経営手法が「科学的」でないために等閑視されてきたが，このような実践こそカリキュラム・マネジメントの原型として再評価されるべきであろう。

●●● 引用・参考文献

安彦忠彦　1983　教育課程の経営　岡津守彦（編）　教育課程事典　小学館
安彦忠彦（編）　1999　新版カリキュラム研究入門　勁草書房
English, F. W., & Larson, R. L.　1996　*Curriculum Management for Educational and Social Service Organizations.* 2nd ed. Springfield, IL.: Charles C Thomas Publisher.
Jackson, P. W.（Ed.）　1992　*Handbook of Research on Curriculum: A Project of the American Educational Research Association.* NY: Macmillan Publishing Company.
中留武昭　2005　カリキュラムマネジメントの定着過程　教育開発研究所
中留武昭・田村知子　2004　カリキュラム・マネジメントが学校を変える　ぎょうせい
根津朋実　2006　カリキュラム評価の方法　多賀出版
岡東壽隆　1994　スクールリーダーとしての管理職　東洋館出版
坂本孝徳　1986　教育課程　日本教育経営学会（編）　講座日本の教育経営10　教育経営ハンドブック　ぎょうせい　Pp.164-167.
高野桂一（編）　1989　教育課程経営の理論と実際―新教育課程基準をふまえて―

教育開発研究所
田中耕治・水原克敏・三石初雄・西岡加名恵　2005　新しい時代の教育課程　有斐閣
　　　田中統治（編）　2005　カリキュラム評価の考え方・進め方—"信頼される学校づくり"に向けたカリキュラム・マネジメントNo.1—　教育開発研究所
Pinar, W. F., Reynolds, W. M., Slattery, P., & Taubman, P.　1995　*Understanding Curriculum: An Introduction to the Study of Historical and Contemporary Curriculum Discourses*. New York: Peter Lang Inc.
山﨑保寿　2000　教育課程の開発と学校経営戦略　日本教育経営学会（編）　自律的学校経営と教育経営　玉川大学出版部　Pp.76-91.

16章 チャータースクールからみた魅力的な学校づくり

●●● 湯藤定宗

　日本の公立学校が岐路に立たされている。すべての公立学校が緊急に取り組まなければならない主な課題の一つは，児童・生徒が能動的に学びたいと思える，魅力的な学校づくりである。米国では魅力的な公立学校づくりの具体的な方策として，1990年代初頭以降チャータースクールという新しい公立学校が誕生し，注目を集めている。チャータースクールの事例から魅力的な学校づくりに必要な要素を探ってみたい。

1節　魅力的な学校をつくっていく必要性と必然性

1. 公立学校において魅力的な学校づくりが必要な理由

　子どもによる「学び」からの逃走，保護者の無理難題要求，私立学校を選択する児童・生徒の増加等は，公立学校に対する信頼失墜を示している。また日本における右肩上がりの経済成長がかつてほど期待できず，学校教育修了後の子どもの将来像について夢をもってイメージしにくい現実がある。学校を取り巻く厳しい現実を前にして，Freire（1972）が批判する「銀行型教育概念（the banking concept of education）」に基づく教育を依然として続けている学校では，子どもたちをもはや惹きつけておくことはできない。「銀行型教育概念」とは，「生徒の頭はからっぽの貯金箱。先生がカバンのなかにいろんな知識をつめていて，生徒の頭にそれを移し入れる。それが学習」（里見，1994）といった概念である。したがって生徒は常に受身的態度となるのである。そこでは，学校は魅力的な学習の場とはならない。

こういった事態を改善するために，公立学校教育において喫緊に取り組まなければならない主要な課題の一つは，児童・生徒が能動的に学びたいと思える，魅力的な学校づくりである。
　さて，多様な格差の拡大が社会問題化しているが，保護者の社会的・経済的状況等の違いにかかわらず，子どもたちには学習機会が平等に提供されなければならない。教育基本法第6条に明記されているとおり，学校教育は，「教育を受ける者が，学校生活を営む上で必要な規律を重んずるとともに，自ら進んで学習に取り組む意欲を高めることを重視して行われなければならない」。そして，すべての子どもたちが対象となり得るという意味で，公立学校の児童・生徒が自ら進んで学習に取り組む意欲を高める学校づくりを推進することに，より大きな社会的意義が認められる。公立学校において魅力的な学校づくりが必要な理由は，児童・生徒が能動的に学習したいと思える機会を保障することが，子どもの最善の利益となるからである。

2．チャータースクール誕生の必然性

　米国では，公立学校全体を対象とした教育改革が，第二次大戦以降およそ10年を周期として展開されてきた。第一にスプートニク・ショックを契機とした1950年代末期からの理数科教育の強化，第二にその反動としての1970年代の「学校の人間化」と称される学校改革の流れがあった。さらに1980年代になると「危機に立つ国家（A Nation At Risk）」（レーガン大統領の命を受けて，ベル教育長官が National Commission on Excellence in Education に作成を委嘱した報告書）において端的に示されているように，「基礎・基本の充実」が強調され，基礎学力向上が最重要視されるようになる。これが第三の流れである。
　第二次大戦後からの3つの大きな流れは，子どもたちに最善の利益をもたらすことができたのか。米国教育改革の成果に関する各種報告書に基づく限り，その成果は乏しかったといえる。たとえば，1991年に発表された『2000年のアメリカ―教育戦略（*America 2000: An Education Strategy*）』によれば，「教育の優秀性に関する全米審議会がわが国を『危機に立つ国家』と宣言してから8年，教育は一向に改善していない。各種の教育指標はほとんどどれも横ばい傾

向を続けている」(橋爪，1992)と言及し，教育改革が成果を上げていないことが指摘されている。

　教育改革が必ずしも成功しない理由の一つとして，大規模学区，州，そして連邦レベルで主導される教育改革は，一つひとつの学校における学校改善に必ずしも焦点化しないことをあげることができる。学校現場は一人ひとりの子どもの学習活動が多様に展開している場である。したがって，個々の学校が自らの教育理念に則り，自発的かつ自由な学校づくりを可能とする制度的仕組みが公立学校において必要となる。そうした視点に立って制度化された新たな公立学校が米国のチャータースクール（Charter School）なのである。

2節　チャータースクールにおける魅力的な学校づくり

1. 米国におけるチャータースクールの概要と特徴

　チャータースクールとは学区教育委員会（以下，学区教委），大学等の非営利組織，あるいは株式会社等の営利組織による許認可を受けて学区教委から相対的に独立し，学校経営における自律性を保持すると同時に，各州によるチャータースクール法に基づき，教育諸目標を達成することを義務づけられ，アカウンタビリティ（accountability）を問われる許認可契約更新型公立学校と定義される。以下では"*Annual Survey of America's Charter Schools 2008*"（Allen & Consoletti, 2008）からチャータースクールの全体像を把握する。

　1991年にミネソタ州においてチャータースクール法が成立し，1992年に同州の州都セントポールに米国最初のチャータースクールであるCity Academyが誕生して以降，2007年9月時点において，40州およびワシントン特別区においてチャータースクール法が制定され，4,128校のチャータースクールが開校されている。また124万人以上の児童・生徒がチャータースクールにおいて学習機会を提供されている。と同時に，開校されたチャータースクールの11％がすでに閉校したという一面があることも事実である。また，アリゾナ州のようにチャータースクールに在籍する児童・生徒数が同州公立学校全体の一割を占める州もあるが，全米平均では幼稚園から高等学校の学校数に占めるチャータースクール数の割合は4.5％，児童・生徒数では2.5％にとどまっており，

チャータースクールの普及に関しては年々増加しているものの，その歴史が浅いこともあり，現時点では公立学校全体に占める割合は大きくない。

　次にチャータースクールの主な特徴を3つみてみよう。第一の特徴は，学校が小規模であることをあげることができる。公立学校の平均児童・生徒数が521人であるのに対し，チャータースクールの児童・生徒数は348人である。小規模校では一人ひとりの学習ニーズに対応しやすく，児童・生徒は教職員とも親しい関係を築きやすい。

　第二の特徴は，各チャータースクールの教育理念の多様性にある。したがって，児童・生徒は学習ニーズに基づき，チャータースクールを選択することができる。したがって学習ニーズと提供される教育のギャップは通常の公立学校と比較してはるかに少ない。また，小規模という特徴から，一人ひとりにできるだけ対応したカリキュラムの作成（英語を母語としない児童・生徒への対応等）をはじめとして，要するに通常の公立学校では提供できていない多様かつ丁寧な教育を実現しているのがチャータースクールといえる。

　全米初のチャータースクールであるCity Academyは，通常の高等学校をドロップアウト（中途退学）した15〜21歳の生徒を対象とした定員100名の高等学校である。筆者が実施した校長へのインタビュー調査において，一人の生徒のエピソードが紹介された。City Academyに入ってきた直後はしかめっ面をしていた彼に，1週間後に「この学校は気に入ったか」と尋ねてみると，「最高だよ。だってずっと前から望んでいたことがここにはあるんだから」と，満面の笑みで返答したという。それまでは大規模な学校で自分のやりたいことを見つけられずにいたが，この学校を主体的に選択した結果，自分の学習ニーズとCity Academyが提供するカリキュラムが合致したことがうかがえる。

　この学校の教育理念は，「生涯にわたる学習者となるべく，支援的学習者となるべく，大きな変革のための支持者となるべく，積極的なつながりを形成するべく，そして尊敬する精神を育むべく，われわれはここにいる」である。尊敬する精神を育てるためには，まず教師が子どもたちに敬意を払い，丁寧に対応することから始めることが必要だろう。前述の生徒の自分がやりたいことがここにはあるという感覚は，上記の教育理念が学校全体に浸透していることを示している。教師1名に対する生徒の数が8名で，一人ひとりの学習ニーズに

対応できる非常に恵まれた教育環境において，City Academy はまさに魅力的な学校として，生徒たちに最善の学習機会を提供しているのである。

第三の特徴は，すべての州ではないが，学区教委以外の組織がチャータースクール開校の許認可権限を有することである。チャータースクール法は州法であり，州ごとにチャータースクール法の内容に幅がある。いわゆる保守的な考えを有する州では学区教委を唯一のチャータースクール許認可組織とし，チャータースクールの普及を抑制している。一方，チャータースクールを普及させようと意図する州では，大学等の高等教育機関や営利・非営利組織等も学区教委と同様にチャータースクール許認可権限を有している。現在 17 州が学区教委以外の組織に許認可権限を付与しており，現在開校しているチャータースクールのほぼ 80％がこれら 17 州に分布している。このことは，少なくとも全米のおよそ 3 分の 1 の州において，これまで常識とされてきた，学区教委が独占的に公立学校を管理運営するという官僚的統治システムに抜本的な変更が加えられたことを意味する。保守的な勢力はこれを公立学校の解体であると憂慮し，革新的な勢力は学区教委に制限されない公立学校の再編成と積極的に評価する。ミネソタ州のチャータースクール法成立に尽力した Nathan, J. は，革新的な立場に立つチャータースクール制度推進論者であるが，その著書 *Charter Schools* の冒頭で次のように述べている。

> チャータースクール運動は，公立学校教育に初めて 4 つのパワフルなアイデアを同時に取り入れることになる。①保護者と子どもたちのための公立学校選択，②教師や保護者にとって自分たちがベストと信じる学校を創造する起業的機会，③標準テストやその他の指標によって測定される，学業成績の向上に対する明確な責任，④公立学校教育において慎重にデザインされた競争。
>
> (Nathan, 1996)

ミネソタ州における学校選択の歴史は古く，1960 年代後半に公立学校選択が都市部を中心に学区レベルで主体的に開始され，この草の根的な動きが 1980 年代の州レベルにおける複数の学校選択制度導入に発展していった。しかし，ここでの学校選択は学区教委から一方的に提供される，児童・生徒や保護者からすれば受動的な，単なる学校の選択であった。そうした状況のなか，

「学校を創造する起業的機会」としてのチャータースクール法が制定されたのである。したがって，チャータースクールと従来の学校選択との大きな違いは，教師や保護者がベストと信じる公立学校を自ら創造することが，チャータースクールでは可能になったことだといえる。

2. 自らつくることができる魅力的な学校

1994年にミネソタ州近郊に，教師と保護者が協働して設立したParents, Allied with Children and Teachers（以下，PACT）チャータースクールがある。学校名称に端的に示されているように，PACTは保護者の学校参画を最も重要な教育理念に掲げている。開校当時は幼稚園から第8学年までの児童・生徒80名余りの小規模校であったが，近年では対象学年を第12学年まで拡大し，550名以上の児童・生徒が在籍している。

筆者がPACTを初めて訪れたのは1996年の初夏であった。当時は，1994年から校舎として使用していた建物から別の校舎への移動の時期で，保護者や地域の人々の献身的なボランティアにより，手づくりで校舎の整備が進められていた。PACTでは自分たちの力で学校をつくっているという雰囲気に包まれていた。そして多くの保護者が日常的に学校を訪れ，学校経営に直接的，間接的にかかわっていた。実際に保護者がかかわっているのは，①各種委員会への参画，②ティーチャーアシスタントとしての学習・教授援助，③アンケートをとおしての意見表明である。特に注目すべきは，各種委員会への保護者の参画であり，学校運営の中心的事項においても，教師とともに議論を交わす。子どもに対して自分たちがベストと考える学習機会を保障することが，教師および保護者の目標であるという共通理解のもと，その目標実現に向けて，長時間に及ぶ会議が連日開かれていた。

すべての学校に紆余曲折の歴史があるように，2008年9月で開校15年目を迎えるPACTの道のりも決して平坦ではなかった。最大の危機は，開校以来許認可組織だったアノーカ・ヘネピン学区教委が2003年度以降は契約を更新しないことを2002年度に意思表明したことであった。理由は9年間許認可組織としての役目を果たしたことと，開校当時小規模だったPACTと比較しておよそ7倍の規模になっている現状から，本来なら同学区内の公立学校に在籍

していたであろう一定数の児童・生徒がPACTに在籍していることから，これ以上PACTを積極的に支援する理由が同学区教委に見あたらないとのことであった。ミネソタ州の場合，3年ごとに許認可を更新することになっている。開校後10年目を目前にして，解決策を迫られたPACTは，バスル大学を新たな許認可組織として，2003年度以降の学校経営を継続させている。こういった最重要の懸案事項も，教師，保護者等で構成される学校委員会（Board Meeting）において審議される。学校委員会には，学校運営に関する主要な権限が委譲されており，同委員会のメンバーとしての保護者はその決定に直接的に関与する。こういった参画のあり方が，保護者のPACTに対するオーナーシップを強め，魅力的な学校づくりの支えになっているのである。PACTでは児童・生徒や保護者を単に学校を選択する消費者としてみていない。保護者自らも当事者の一人として，学校をともにつくっているという感覚を共有している。

3節　日本における魅力的な学校づくりの可能性

1.「開かれた学校」を標榜するコミュニティ・スクール改革

『コミュニティ・スクール事例集』（初等中等教育企画課教育制度改革室，2008）によると，「先見性のある先人は，「まちづくりは人づくりから」と教育に熱い期待をかけ，番組とよばれた自治組織ごとに，竈（かまど）の数に応じて私財を出しあって（竈金），明治5年の学制発布に先駆けて，明治2（1869）年に64の番組小学校を開校した」とある。明治はじめの京都市での出来事である。地域が中心となって学校をつくるというコミュニティ・スクールの原型は，1869（明治2）年にすでに存在していたことになる。

現行法制下におけるコミュニティ・スクール誕生の経緯は以下のとおりである。2000年の教育改革国民会議による「教育を変える17の提案」の一つとして「新しいタイプの学校（"コミュニティ・スクール"等）の設置を促進する」ことが盛り込まれたことに端を発し，2004年の「地方教育行政の組織及び運営に関する法律」（以下，地教行法）の改正により，コミュニティ・スクールを設置することが制度上可能となった。改正された地教行法第47条の5に

「教育委員会は，教育委員会規則で定めるところにより，その所管に属する学校のうちその指定する学校の運営に関して協議する機関として，当該指定学校ごとに，学校運営協議会を置くことができる」とある。コミュニティ・スクールとは，学校運営協議会が置かれた公立学校のことを指す。2008年4月時点において，全国の29都府県において343校に学校運営協議会が設置され，コミュニティ・スクールとして，児童・生徒に学習機会を提供している。地域的に最も多いのは，京都市で110校となっている。

　京都市の学校運営協議会のとらえ方は，保護者や地域の人たちが，学校運営に参画し，子どもたちのためにともに行動するための仕組みとしている。その仕組みが機能することにより，各学校は強力な学校支援を得ることができる。さらに，学校への支援だけにとどまらず，学校運営協議会を通じて，地域が抱えている問題点を共有できたという報告も増えてきている。コミュニティ・スクールによる魅力的な学校づくりをとおして地域を活性化させていく動きが活発化している。

2．チャータースクールからの示唆とわれわれができること

　くり返しになるが，公立学校における児童・生徒の学びの機会を魅力的な場としない限り，彼らの学びたいというモチベーションを維持・向上させることは確実に厳しくなってきている。それは，教える効率性を重視してきた，いわゆる近代学校モデルが機能しなくなったことを意味する。さらにいえばそうなった原因は，学校自身にあるというより，むしろ学校を取り巻く社会の変容によるところが大きい。学校単独による学校改革が成果を上げてこなかった理由がここにある。つまり，「どの教育思想家の学校教育論を取り上げても社会改革論と密接不可分」（吉岡・大川，2008）であるのと同様，一つひとつの学校を改善・変革しようとするとき，教職員を主たる構成員とする学校だけではなく，保護者，地域住民を巻き込みながらの改善・変革努力が必要であり，さらにそれを社会の変革へとつなげていくことが不可欠なのである。米国のチャータースクール動向を概観すると，それは近代学校モデルの改善案ではなく，新たな学校モデル構築の萌芽的動きであり，それは社会改革論と不可分にあるととらえることができる。

さらに，既述したCity Academyの教育理念のなかで「大きな変革のための支持者となるべく，積極的なつながりを形成するべく」とされていたのは，City Academyの教育活動が学校改革にとどまらない社会改革であると同時に，地域社会から孤立せず，地域社会とつながることの重要性を示しているからに他ならない。City Academyでは，学区教委による許認可契約更新のための学校評価とは別に，1993年から北中央部地域認定協会（the North Central Association）による基準認定（accreditation）を受けてきた。その理由はCity Academyを地域社会から孤立させないことであった。

　インタビューの対象としたCity Academyにしても，事例として扱ったPACTにしても，共通しているのは，第一に学校設立が関係者の自発的行動によること，そして第二に，準備期間も自ら設定できるという点である。近年日本の教育改革において注目を集めている学校選択制度や先述したコミュニティ・スクールは上記の2つの要素を有しているのであろうか。学校選択制度に関しては，一定通学区域内の公立学校が，たとえ十分な準備ができていなかったとしても，一斉に選ばれる対象となる。コミュニティ・スクールに関しても，コミュニティ・スクールとして指定される経緯をみると，学校自身や保護者・地域の意向よりも，教育委員会や首長の意向が大きく影響している傾向がみられる。つまり両者とも教育現場や保護者の意向よりも行政の意向が先にあり，したがって準備期間も十分に確保されているとはいえない。

　チャータースクールは自ら選ばれる対象として，自発的に学校づくりに挑戦する。このチャレンジ精神こそが，魅力的な学校づくりを促進する支えとなる。そのチャレンジ精神の源は何か。それは，自らの教育理念であり，同じ教育理念をもつ人々がつながることによる社会的な運動である。チャータースクール運動は最初そのようにスタートした。それは，現時点では小規模かもしれないが，一つの社会改革でもある。さらに，それは教育行政が教育現場に指示して形成される性質のものではない。

　子どもの教育をこれまでのように学校に一任するのではなく，保護者としての自分，地域住民としての自分に何かできるのかを真剣に考えることが不可欠である。加えて教育理念をもち，その理念を共有することが保護者や地域住民に求められている。ただし，現実問題としてニーズが多様化した社会において

地域の学校が自分の教育理念と合致しない場合がある。その場合自らがベストと考える学校を選択する，あるいは教師が中心になり保護者や地域の人々とともに学校をつくるということも考えられるのである。子どもたちにとっての魅力的な学校をつくる責任が，教師も含めたわれわれ大人に課せられている。

●●● 引用・参考文献

Allen, J., & Consoletti, A.(Eds.)　2008　*Annual Survey of America's Charter Schools 2008*. Washington, D.C.: The Center for Education Reform.
Freire, P.; Bergman R. M. (Trs.)　1972　*Pedagogy of the Oppressed*. London: Penguin Books.　小沢有作・栗原　彰・柿沼秀雄・伊藤　周（訳）1979　被抑圧者の教育学　亜紀書房
橋爪貞雄　1992　2000年のアメリカ─教育戦略─　黎明書房
Nathan, J.　1996　*Charter Schools*. San Francisco: Jossey Bass.
里見　実　1994　学校を非学校化する　太郎次郎社
佐藤晴雄（研究代表者）　2008　コミュニティ・スクールの実態と成果に関する調査研究報告書　コミュニティ・スクール研究会
佐藤　学　2000　「学び」から逃走する子どもたち　岩波書店
初等中等教育企画課教育制度改革室　2008　コミュニティ・スクール事例集　文部省
吉岡良昌・大川　洋　2008　いのちを育む教育学　春風社

あとがきにかえて──教育経営学の周辺

●●● 岡東壽隆

はじめに

　最近，教育実践の改善に希望をもたせることに出会った。一つは教育委員会に「学校経営課」という組織が設けられたことだ。40年前には「経営」ということば自体が教育界では批判のまとであった。「資本」に貢献する事象を行動科学的に研究する経営学を教育の世界に導入するとは何事か，というのである。最近まで，行政当局も「経営」ということばを避けて，管理，運営ということばを使っていた。教育界で「経営」ということばが市民権を得たのは大学設置基準に自己点検評価が規定され，大学自体が自主的・自律的に教育とその環境の改善に努力するようになってからである。

　今日では「学校経営」ということばが公的に承認され，しかも，教授，学習を中核に置いてその組織的経営がトータルに考えられ，教育成果の向上が図られている。

　もう一つは筆者の研究のなかでも最も境界域にある成果が一定の評価を得て実践に移されつつあることである。これまで特定の自治体から地域の教育計画や事業内容の策定を依頼されきた。それらが実践に移され，どのような成果を上げ得るかに関して責任を感じたことがあったが，それとは異なる。いわゆる科学的性格を帯びた研究成果が「現場」の問題解決に貢献しようとしているのである。教育学論文は一般に，仲間の研究者の間でもほとんど読まれることはない。そのような性格をもった研究成果が現場から評価されて現場の問題解決に転移しているのである。

　教育経営学を専攻した当初，「資本に貢献する学問」「行政・管理作用を強化する学問」「子ども不在の学問」という非難や批判にさらされてきた。そのようななかで，教育経営学の学問的性格を問い直し，「授業や子ども」のための科学にしたいという意思を強くもち続けた。公刊した著作物が学校教育の改善に貢献するとき，表現できないほどの充実感を覚える。

経験知 1

　広島大学にはいやいやながら赴任した。研究者として育てられた環境の客観的問題状況と，問題だと感覚的に認識した状況，それと「自分を客観的に評価」すれば，消極的にならざるを得なかった。今日でもそれらが解決されたり払拭されたりしているとは考えていない。

　戦後60余年が経過し，一般的には徒弟制も成立しなくなり，マルクス主義者を中心に指摘した労働搾取も否定されつつあるなかで，研究者養成という機能は相変わらず古い体質を濃くもっている。このような事象はどうして生起するのであろうか。

　その一つは，どのような分野であれ研究者仲間のリーダー層が，研究者になろうとする者に「研究者のあるべき姿」を語ることがないことである。経営学はリーダーのミッションの自覚とビジョンの提示能力を求めるが，如何せん，研究リーダーにその能力が欠如している。「研究者のあるべき姿」という理念が存在しないから，ミッションがゆがめられ，ビジョンが矮小化する。小講座から大講座に変わってもリーダー不在だから，システムの変革はどのようなインパクトも与えない。労働搾取された時代に研究者のボスを批判・非難していた人物がそれ以上のアカハラを行ない，労働搾取者になっていることもめずらしくない。どうしてこのようになるのか。

　学部段階から大学院に進学する者のパーソナリティには一定のパターンが存在する。純粋な求道者，研究者というよりも，いわゆる強欲者，ステイタス向上の欲求が強い人物が多い。そうすると，研究において健全な競争をするというのではなくて，研究室内に醜い競争が顕在化したり，ゆがんだ思考が個々の内面に蓄積していく。批判的思考は，健全なコミュニティの創造に必要なものだが，パーソナリティによって歪曲した形で表出するから始末が悪い。一般就職する者や教職を希望する者にはこのような人物は少ない。研究者養成を行なう者はこの傾向に留意し，「研究者のあるべき姿」を絶えず語る必要がある。

　指導的立場にある者が「研究者のあるべき姿」を語ったとしても，大学院生が指導的研究者にその姿を見ることができずに，理想的研究者像を抱かない。これからやろうとする研究が社会的にどのような意味をもち，社会発展にどういう形で貢献するのかを理解していない。研究という行為は，創造的な，さら

に独創的なものであっても，客観的であり，人々の理解を得るものだが，その対象に対して畏敬の念ももたず，研究倫理に欠ける。科学者とよばれる研究者は，「哲学」に象徴されるように，自らが哲学者としてのモラルをもつことが期待され，一般的にもそう理解されている。ところが，よくよく観察すると哲学者さえ，「哲学ごっこ」をすることによって，めしの種にしているから始末が悪い。これは「教育学」にもいえることである。教育を研究することは，教育者に近づく道を自らが示し得る者であることが求められる。少なくとも世間からそう期待されている。しかし，周知のように，そのような人物は少ない。

　この原因ははっきりしている。研究者を育てるシステムにおいて，研究リーダーの資質が堕落しており，あるべき姿を示さないばかりか，それを巧みに商売にするコツを教えているからである。研究室に伝統的な養成スタイルを連続的なものとして継承し，自らの汚染を払拭し清廉することなく，若手研究者に伝授する。それは暗黙知ではない。形式知であり，明確な技として存在する。それらが研究を堕落させる。

経験知２

　研究室にもよるが，配属された学生は卒業研究というものを行ない，結果をまとめる。しかし，同時にその学生が修士課程に進学したい場合，そのための受験勉強を容認する。結果として，その学生は卒業研究で満足な結果を出すことができず，また，研究者としての基礎技術の十分な訓練，教育も受けずに大学院生となる。これは修士論文の水準が下方へシフトしていくことを意味する。特に顕著なことは研究の方法論（methodology）はもとより研究の技術（method）をも知らない者を生み出す源泉になっている。たとえば，統計学などではSPSSのパッケージなどを用いるため，どのような論理思考や回路で解が出ているのかをまったく理解していない。このような学生が増加していくことで経年的に論文の質的レベルが下降する。

　大学院の学生生活のなかでも最も自由に研究を行なえる時期，すなわち，研究者としてきわめて重要なステップである時期に，最近では，プログラム学習が展開される。極論すれば，形式知を編集したテキストの学習に大学院生活が浪費されているのである。このような状況は大学における自己点検評価の強調

と目標管理の導入によって多くみられる現象になった。これは経営学の形式的導入の悪例である。経営学者としては学生の質的低下という状況のなかで，どの程度の形式的教育の必要性があるのかを同定し，一定の見識を示さなければならない。

　大学院レベルになると，研究室によって異なるが，「特別権力関係」が常識化されている。ここでは，おとなしく言われるままに手を動かす，ロボットのような学生が期待される。自分の意志をもった者は指導的研究者の意思を汲まない者として研究者への道程から追放される。それは健全な知の競争ではなく，学閥や研究室閥に汚染されたものであったり，アカハラであったり，単純にイデオロギーの違いであったりする。徒弟制や知的労働搾取もこのような体質から生まれる。

経験知3

　教育研究，教育学の分野だけで，学会や研究会が何百と存在する。学問が枝分かれしてそれぞれが大きく発展しているのであればポジティブに評価できるがそうではない。そこには教育研究領域の「囲いこみ」運動の匂いがプンプンしており，運動として形をなしているものまで存在する。特定の学閥，イデオロギー，運動理念，細分化された教育領域の利権などが囲い込みの要因として働いている。筆者にも十数個の学会に属していた時期があった。それぞれのメンバーは多少違うが，3分の1くらいは重複していた。中央，地方の学会によってそのステイタスは異なるが，いずれも「日本」「全国」「国際」などの冠を頂戴して学術団体の体裁を整えていく。

　このような団体だと自分の研究領域が主役になる。メンバー相互のコミュニケーションも心地よい。レフリーつき論文も生産しやすくなる。学位授与に必要な論文を自分の学生に書かせ，指導的地位を保持し続けることが可能になる。自己批判能力の欠如は，このような温床である囲い込み運動と無縁ではない。

　これとよく似た現象が存在する。それは囲い込みというよりも，所属していた学会でのステイタスが低下したために，そこから離れ「独立」していく現象である。これは囲い込みに比べて閉鎖性は少ない。しかし，小さな団体が大きく見せることによる誇示運動が展開される。中心的な研究室はペーパーの生産

● あとがきにかえて——教育経営学の周辺　179

とシンポジウム，パネル・ディスカッション，国際会議などを開催して派手に動く。大学院生はそのような機会を準備する手となり足となって働く。誇示運動のなかで学生は生産性が上がったような錯覚を覚える。また，教育研究はこれが本道だという狭い視野に陥りやすい。

　教育研究がどのような形であれ，公開された場で展開され，他者からの批判を受容するならば，それはポジティブに理解してよい。しかし，これらの団体は多くが自己正当化を行ない，自己批判能力をもたない。この点は大学の伝統を守ろうとする構成員の多くにみられる現象である。自己点検評価が自己正当化の機能を果たすと，若手研究者も同様な思考をする。大学は研究者を低レベルに置く再生産装置になる。

経験知4

　教育学を専攻して長い間無駄飯を食ってきたが，「教育科学」論の性格がどうも理解できない。科学は研究者一人ひとりの思想や行為がにじみ出るものだし，それを出発点として既存の「科学」を再構成するものだと考える。歴史的にみても，科学は常に個々の研究の集積として発展してきた。研究成果は個々の研究行為から生まれ，そこでは結果の妥当性，再現性等が研究者の責任において表現される。これがないと研究成果として認められず，ひいては研究者の養成においても「適切な指導」行為が保証されないとみなされる。大学人にとって「設置審」が怖いのはこの保証が得られるかどうかを問うからである。

　「教育学を科学に」というスローガンは存在した。しかし，指導的研究者の業績をみても教育科学の独自性をさほど見いだせない。教育学分野の指導的研究者の業績をみると，自然科学の世界と違って相変わらず翻訳作業が多い。教育科学の分野は西洋文化の導入期で止まっているのであろう。翻訳したものを日本という風土のなかで解釈し導入する行為すらしなくてよいのである。確かに，翻訳過程を経ない研究（？）も多く存在する。しかし，それらには科学の方法論すら存在しない。また，教育行為を構成する部分をうまく編成した説法的な論文が多い。わが国では科学的な方法や過程を歩んだ研究物よりも，巧みな説法的論文のほうが評価が高い。この説法においては著名な人物のことばを活用することでより高い評価を得る。筆者の公刊したもので多くの反響があっ

たものはこの説法的性格をもったものである。

　教育学のなかで科学的性格を濃くもっているものは，教育社会学と教育心理学である。社会学は研究課題に固有の方法論で迫り，問題の解剖に優れた業績を生産する。しかし，問題解決の処方箋は科学の対象でないのか，あまり示されることもなく，あっても非常に常識的であり，説法の域を覆すような提言は少ない。また，心理学も教育問題への貢献は大きい。個体の問題領域に独自の方法で迫り，有用な知見を得ている。しかし，汎用性に乏しいためか，教育界を動かすリーダーを輩出する率は低い。社会学や心理学は多くの冠（対象）をつけた科学を発展させている。「教育」もその一環にすぎない。教育学固有となると，その科学性を見いだそうとする無駄な努力はしないほうがよいのかもしれない。

　教育学における研究者教育は大学の教育学部以外の一般教育，専門教育において，科学するときに必要な武器を習得する必要がある。社会学，心理学はもとより，分析の道具を提供している科学を一つでよいから習得する必要がある。その基礎中の基礎として統計学がある。この統計学に精通しなければ教員評価システムも理解できない。数量化といっても数値の意味を理解できない。2つのグループ間の平均値に有意差があるかどうかを判定することもできない。社会学，心理学，文化人類学などの方法論も，どのような研究者になりたいのか，なろうとするのかの夢（目標，イメージ）をもって学習しなければ身につかない。

　教育学における大学院の役割が学校等の教員や指導者の養成を担う人材の育成であれば，研究者養成という看板よりも，素直に教員養成者の教育を行なっている大学院であると明示したほうがよい。なまじっか学者というから始末の悪い連中が輩出される。教員の養成を担う人材に特化すれば，教員に必要な資質と能力の形成に必要な教育をあらゆる角度から提供できる。説法も生きた教材になる。教員の適格性が問われるとき，それを養成する人材の適格性も自ずと確認できる。理論と実践の統合などということを叫ぶ必要もなくなる。中途半端な研究者によって，教育が恣意的に語られることもなくなる。教職大学院がメインになって，そこに教員としての熟達者や先輩が未熟者や後輩を教育するシステムとして精錬されることで，教員養成機能は高質になり，よい教員を

養成することができる。

　教育学研究者はマザーディシプリンを有した者（「教育」を研究する科学的方法論を身につけた者）に任せたほうがよい。そうでなければ教育科学は発展しない。教育系の学会においてもレフリーが存在するが，そこに用いられた方法論すら理解しない者がその任を果たしているケースもある。個々の研究におけるデータが正しいのかどうかすら判定できないのだ。研究を行なった者の良心にのみ依存するようでは科学は育たない。「考証」ということばがあるがそれができない「教育学」であれば，科学から撤退し，教員を育てる高質のマニュアルづくりに精励したほうがすっきりする。

経験知5

　現在の「教授」という地位には，学部段階，大学院修士段階，博士段階，学位授与権が付与された段階が存在する。学内でこの段階を上がることは容易であるが，外部の審査を得て上級教授になることはかなりむずかしい。一般にはこのような段階は公にされていない。社会的には教授として同等視されている。しかし，個々の教授は，そのような段階を強く意識し，よきにつけ悪しきにつけ，この段階を昇る努力をする。

　多くみられる現象は，自らの地位が低いと自らの学問領域を大きく見せなければならないという努力である。自己の領域が，大きな領域の一つとして細分化されている状況にあれば，それを打破して，独立した領域として発展させようとする。周囲からみて上級教授と同じような立場を確保する努力をする。その一つがその者が自己充足性をもつために，独立した学会をもちたがり，そのリーダーとしての地位を占めたがり，学内外の活動を派手に展開したがるというものである。これらの3つの要素を一度に具備しようとする者も存在する。そこでは，研究の発展に必要なチェック機能すら自らが行なう装置を備えようとする。

　研究者の評価はむずかしい。確固としたマザーディシプリンが土台にあればその学問の評定システムに依拠して評価できる。しかし，自らの業績を自らが高める装置をつくり，レフリー論文の本数を適度に多くすることによって，研究者評価を粉飾しているとなると，相当入念な精査を必要とする。分野が異な

っても人文科学や社会科学であると，時間さえかければ相当に正しい評価を下すことはできる。しかし，学校教員同様に，教育学の領域の授業は教育職員免許法などによってしばりがあり，そんな余裕がないのである。人事絡みの評価でもなおざりになる傾向が否定できない。

　教育学が細分化し，単独の全国学会をもっているような領域の指導的研究者の評価はどうだろうか。指導的研究者の実力は研究内容や，研究室から出た研究者の実力によって評価されず，やはり単純に発表論文数によって計られる。研究業績と教育業績という場合，大学院担当であれば教育業績はその者の研究室から輩出した研究者の実力ということになろう。どんな科目を何時間担当してきたかは真の教育業績ではない。

　指導的研究者は概して，自己の研究を過度に正当化する傾向をもっている。結論がよければ，それを導き出したデータ操作に誤りがあってもそれを軽視することもある。学位論文でもそのようなケースに出くわした。些細な誤りにすぎないと逆に批判されて，どうにでもなれという心境で，当分の間気持ち悪い生活を送った。とにかく，指導的研究者は自己批判能力をもち合わせる必要があるのだ。よい見本となる研究者のところからは全国に通じる研究者が輩出する。そうでないところからは原理主義や教条主義にとらわれた研究者や低レベルの研究者が量産される。

経験知6

　教育界では反省的行為が注目されている。「教師は反省的実践家である」といわれる。この「反省」は，「省察」と称して高次化されたり，「ふり返り」といって世俗化される。この雑感は経験知の「ふり返り」である。

　これは筆者のことだが，学部の教育を中心に「統計学演習」を除いて，同じ講義内容と編成を行なったことがない。35歳のときから同一科目を担当しているが，毎年内容が異なる。勉強してメモしたものを教材として提示し，それに基づいて授業を展開することが多かった。演じる者が変わらないのだから，教材は別でもおそらく結論は同一だと思うが，学習した最新の材料を学生にぶつけてきた。その反省はまた新しい教材を生むから毎年同じ教材は存在しない。演習における外国文献も毎年変えてきた。同一であれば楽だろうが，それでは

● あとがきにかえて――教育経営学の周辺　183

自分を伸ばす機会がない。流行の文献も授業で使うと丁寧に読まざるを得なくなる。横着者の知恵である。

　実践とか行為とかを反省する機会は相当のゆとりがないとできない。最初の職場では草取りをしながらもゆっくりと研究について考える時間があった。鍬の動きは単純である。そのリズムにのって，研究に関するアイデアが浮かんでは消えていく。研究室に帰って，これはよいと念を押して忘却を防いだアイデアをメモして，既存の周辺的論理とすり合わせる。どこに独自性があるか，あるいは生み出すことができるか，社会的貢献はあるかどうかなど，いろんなことを考える。こんな光景は研究者の「遊び」としてしか映らないかもしれない。ところがこれが後になって役立つ。大きく論理を展開させて授業の内容になる場合もあるし，論文になる場合もある。また，学生の卒業研究のテーマとして提示するときもある。

　学会に行って研究者としての抱負や研究課題などを語っていると，半年後とか1年後には他人のテーマになっていることがある。研究は誰が行なっても自由だが，ものになるかどうかは別にして，やはり独自のテーマで先行したいものだ。ところが，科研申請やシンポジウムで新たなテーマのもとで研究のアイデアを披瀝しているとせっかく考えたテーマが他者のものになっている。残念なところもあるが，広く研究が進捗すれば一定の役割を果たしたことになる。

　研究という行為や教育という行為は最初から自己受容的な意義があるのではなく，何を研究するかの全体像を描いて，初めてその意義が理解できる。自己の力量に照らして，もち合わせている武器で遂行できると確信してやり甲斐が湧いてくる。また，その研究行為や教育行為が自己のパーソナリティや力量とマッチングしないと絵に描いた餅になってしまう。それができる人物にすすめたりする。まったくの未知の世界において，研究や教育行為は存在しない。

経験知7

　教育学には方法論があるのかどうか未だにわからない。教育という活動を認識する一定の思考法が存在するのかどうかすら疑問に思う。パラダイム論に依拠すれば，その時代で主流となっている思想，方法論があるという。もし，このようなものが教育学に存在するとしたら，筆者の行為は，特に授業は学生に

とって無駄なことばかりを講義してきたことになる。周辺を見渡しても教育学固有の方法論に精通している人物を知らない。現代の，近代の，古代の教育事象を忠実に記述する人物はいる。それを一定の武器で切る人物もいる。しかし，その武器は教育学以外で生成したもので，心理学で生まれた方法論であったり，社会学で生まれた方法論であったり，文化人類学，歴史学，哲学，あるいは生物学の有機体論であったりする。とにかく，教育学固有の方法論の存在がみえない。

　教育学を専攻する学生は教育学以外の科学の方法論を身につけなくてはならない。教育は科学の対象でしかない。教育には具体がある。血も通っているし，悲喜こもごもの感動がある。具体的な一連のアクションから成立している。それをさまざまな科学の方法論によって分解されるのだ。教育哲学は哲学的思考様式による高邁な論理によって現実を抽象化し，教育社会学は社会属性によって現実を分解する。何をすればよいのかを簡潔に示すことはほとんどない。もし，それを示せば，研究は終演するのである。幕が下りるのである。

　教育学のなかで唯一教育活動に処方箋を示すのは教育方法学である。さまざまな科学を駆使しながらもその使命として一定の具体的な方法的知見を示している。現場の先生方が考えれば即時に思いつくことでも，回りくどい経路を通って一定の解を導き出したような錯覚を与えるのも教育方法学である。しかし，教育の技術性を自ら卑下するから，教育，ことに教授行為のアートを述べることはできない。それを述べるのは文筆の才のある教員の卓越した授業の再現である。そこには芸術家にも似た教授行為が描かれる。

経験知8

　経営学はある時期からコンティンジェンシー理論と称されるようになった。経営学自体も一般科学が主張するような一定の法則性を生み出す科学であることを否定した。それに加えて，経営行為にはどのような状況でも通用する唯一最善の行為は存在しないと宣言している。このようなことを主張する科学は存在しない。また，科学者である以上，自らが主張する内容に一定の制限を付与する姿勢を示すことはない。経営学者はこの宣言によって，自らの研究に対する責任をとる義務を放棄したのだろうか。その責任は学校が置かれた状況や，

あるいは教員が置かれた状況において選択され得る最善の方法を提示することによって責任を果たしているのである。教員ですら，自らが置かれた状況が一般的であるかのような過ちを犯している。それをたしなめて，状況に合った，現実的な問題解決に結びつく方法を助言したり，提言することが経営学者が果たさなければならない責任であり，そうする良識をもたねばならない。

教育経営学が発展するとすれば，状況を超えた一般法則を明らかにするというパラダイムに代わって，教員が位置している状況，学習である子どもが位置している状況を診断して適切な教授法を示したり，学習法を示したりすることにある。その力量を備えることが研究者としての成長であり，状況の要請にこたえていく知見の蓄積が「科学」にならなければならない。このような研究者，科学は若い多くの学生には不可能であろう。しかし，それゆえに多くのさまざまな状況のなかでアクション・リサーチするのである。状況主義と日和見主義とは異なる。このような経営学の性格からして，科学の絶対的文化主義はあらゆる段階で慎まなければならない。科学の絶対的な客観性を求めるのであれば，自然科学の道に向かえばよいし，経営学のなかでは会計学，経理学，ORなどを専門とする研究者になればよい。そのような状況も現実に存在するし，必要な分野であるからである。

おわりに

経験知は「暗黙知」ではない。暗黙知はことばで説明できない知識である。経験知は暗黙知ではなく形式知である。暗黙知は経験をとおして獲得した知識であるが，どうしてことばで説明できないのだろうか。稀な状況で威力を発揮する知識であるからか，一過的な，あるいは一回性の濃い状況で必要とされる知識であるからか。これが説明できれば暗黙知などということばは不要だろう。

経験知は，経験のない者，あるいは経験の浅い者への指導には役立つし，効果的である。しかし，そこに教える熱情と学ぶ意欲とのぶつかり合いが期待される。経営学が実務経験（とくにOJT）やインターンシップの有効性を説くのは，経験しながら学ぶことの効果を「経験知」として科学しているからである。教育者として優れたベテランが初任者や未熟者を鍛えることの有効性は学校に行けば多くみられる現象である。経験知をもたない研究者の助言がいかに

無力なものかは研究者自らがよく知っている。学校現場において，経験知の少ない者の指導やコーチングは危険である。「まなざし」「ゆびさし」「ビジョン」「共有」などのことばの操りや，非指示的方法のカウンセリングの基礎技術を習得してない者の，皮相的なコーチングの技術だけでは，経験知の豊かな者ばかりか，浅い者からも，その「虚性」が見破られている。

　このような経験知によって後輩に残すことばは多くを要しない。まず，心身共に健康であることが第一の条件である。筆者は教授になって体調を崩し，管理職になってそれに拍車がかかり，教育と研究以外の一切の仕事を捨てても，もとのようなエネルギッシュな学究生活は回復しなかった。

　そのような中で，経営学的にいえば，ミッションを再認識し，それに純化したビジョンを抱き，授業に，研究に専念することであった。それでも，若い頃からの人生設計から見れば3分の1の業績をあげるのが精一杯であった。この経験知が示すことは，「それぞれのポストが要請するミッションを再認識し，長期的，短期的なビジョンをもって，それを達成する心身ともに健康な生活を送ることが重要である」ということである。

　この書に寄稿してくれた諸氏だけでなく，多忙で執筆を断念せざるを得なかった鈴木邦治君，河口陽子君，矢野光恵君，下村幸仁君など大学の教員に就いているものだけでなく，修士課程や博士課程で学んだ10名あまりの現場の教員，公務員，留学生，そして，卒論などを世話をした100名を超える学部卒業生の諸氏に，上述のような「陳腐」なことばであるが，別れのことばとする。

●●● 人名索引

A
秋田喜代美　16, 72
安彦忠彦　158
Argyris, C.　85

B
Barnard, C. I.　57

C
Calderhead, J.　6, 7
Cubberley, E. P.　79

D
Dewey, J.　85
Drucker, P. F.　82

E
English, F. W.　161

F
Freire, P.　165

I
石田衣良　52, 53

K
Knowles, M. S.　100, 102
Kolb, D. A.　39

L
Larson, R. L.　161

M
Marland, Jr., S.　133
Mayo, E.　80
McGregor, D.　81

N
野中郁次郎　73
Nathan, J.　169

S
Schein, E. H.　13, 57
Schön, D. A.　3, 85
Super, D. E.　13, 138

T
高野桂一　159
Tayler, F. W.　77

U
上田　薫　152
上田　敬　18

V
Vander Ven, K.　15

W
Whitehead, A. N.　107

Y
山崎準二　30

●●● 事項索引

あ行

アウトカム　84
『アキハバラ@DEEP』　52
アクティブプラン　95
「新しい時代の義務教育を創造する」　49, 50
アンドラゴジー（andragogy）　100
暗黙知　70, 71

生きる力　108
異質情報　129, 131
いなみ野学園　92
居場所　146
意味ある他者　30
インクルーシブ教育　110
インターンシップ　140
インテリジェンス情報　127
インフォメーション情報　127

X理論とY理論　81
NPM（New Public Management）　49, 155

Off-Jt（Off the Job Training）　38
OJT（On the Job Training）　38

か行

外的事項　156
科学的管理法　77
学習契約（learning contract）　104
学習指導要領　157
学習者の自己概念　101
学習ニーズ　103
学習への
　──オリエンテーション　101
　──レディネス　101
学生主体の実習報告会　149
学力　145
価値や基本的仮定の共有　59
学校運営協議会　172
学校外に開かれた視点　123
学校内を開いていく視点　123
学校の
　──意思形成　128
　──組織力　67
　──人間化　166
学校のもつ条件性　123
学校評価　49, 50, 125
学校評価システム　125
家庭・学校・地域社会の教育連携　122
カリキュラム　155
カリキュラム・マネジメント　158
カリキュラム・マネジメントの過程　160
カリキュラムづくり　159
関係者評価　126
カンファレンス　10, 69

「危機に立つ国家」　166
技術的合理性（technical rationality）　2
基本的仮定　58
「義務教育諸学校における学校評価ガイドライン」　126
客観性　29
キャリア　13, 134
キャリア・アンカー　13
キャリア開発　12
キャリア教育　133
「キャリア教育等推進プラン」　139
キャリア形成　135
キャリア・デザイン（設計）　141
キャリアポートフォリオ　141
教育改革国民会議　24, 171
教育課程　157
教育課程経営　156, 158
教育実習　4
教育の事業化　154
教員評価制度　23
教員養成　2
教員養成のカリキュラム・モデル　3

共存の感情　147
協働意思　57
協働性　31
協働的指導　10
共同（協働）的な問題解決　147
協働の文化　146
銀行型教育概念（the banking concept of education）　165
勤務評定　23

経験学習サイクルモデル　39
経験の役割　101
形式知　70
ケースメソッド　11

広域特別支援連携協議会　115
公正性　29
構造改革　49
校長職スタンダード（Standard for Headship）　43
校長職専門資格（SQH: Scottish Qualification for Headship）プログラム　42
校内の協働システムの構築　123
合理性　77
高齢化社会　90
コーチングによる徒弟制（apprenticeship-by-coaching）　70, 71
個性的な思考　147
子どもと教師の間の緊張関係　145
『5年3組リョウタ組』　53
個別の
　　――移行支援計画　111
　　――教育支援計画　111
　　――支援計画　111
コミュニケーション　26
コミュニティ・スクール　171

さ行

サイバネティックス　48
サラマンカ声明　112

CI（Community Identity）　98

CSR　96
CSR施設　96
City Academy　168
ジェネリック・スキル　137
自己主導的学習（Self-directed Learning）　102
自己申告による目標管理　24
自己評価　126
実習課題　8
実習到達基準　10
実践的知識　5
シナジー（synergy）　46
シナジェティックス　47, 48, 50, 54
社会教育講座　92
社会教育事業　90
社会教育施設　99
社会人基礎力　137
就職基礎能力　137
受益者負担　97
授業研究　70, 72, 149
生涯学習講師団　93
生涯学習社会　97
生涯学習センター　98
生涯学習まちづくり　97, 98
生涯学習リーダーバンク　94
「障害者基本計画」　111
障害者の権利条約　120
生涯人生設計　141
省察　85
省察的思考（reflective thinking）　39
省察的実践者／反省的実践家（reflective practitioner）　3, 15, 40
省察力　2, 7
職業適合性　138
職場体験学習　140
職務実践を基盤とした学習（Work-Based Learning）　42
自立した個　147
シングル・ループ学習　86
新自由主義　49
「新障害者プラン」　111
進路指導　134

スプートニク・ショック　166

成員性の認知　62
生活創造大学　91
成熟社会　94
成人の学習　100
製造側中心の発想　83
成長する学級　146
生徒の学習到達度調査（Programme for International Student Assessment）　108
専門職的発達　15
専門性　15

総合演習　150
組織アイデンティティ　60
組織開発　129
組織学習　86
組織的知識創造の理論　73, 75
組織の独自性　59
組織文化（Organizational Culture）　57
組織マネジメント　56
組織目標と個人目標の統合　26

た行

対話　85
ダブル・ループ学習　86
だまされない，したたかに生きる子ども　143
地域における特別支援連携協議会　115
地域の教育力　95
地域ボランティア　97
知識経営論　67
チャータースクール　167
着目児　144

追求　145

データに基づく対話　128

同僚性　31
特色ある開かれた学校づくり　124
特別支援学校教諭免許　117
特別支援教育コーディネーター　111
ともに育ちあう文化　146
ともに学びあう文化　146

な行

内的事項　156
成り行き管理　77
ナレッジマネジメント　67

『2000年のアメリカ―教育戦略』　166
日本教育大学協会　3
人間関係論　80
認知的な境界　63
認定こども園　115

は行

パートナーシップ　140
パートナーとして連携・協働するシステムの構築　123
はじめに朝の会ありき　147
はじめに子どもありき　147
話しあい学習　150
阪神淡路大震災　97

Parents, Allied with Children and Teachers　170
PDCAサイクル　25, 139, 148
『非営利組織の経営』　84
人となり（個性）　144
評価者の原則　27
評定者研修　27

フィンランドの教育　108
『4TEEN』　52

ペダゴジー（pedagogy）　100

報酬システム　28
ホーソン実験　80
ボランティア団体　93

ま行

マーケティングの発想　83
マネジメントサイクル　127

ミッション　84

メタ認知スキル（metacognitive skill）　5-7
メンター（mentor）　9
メンタリング（mentoring）　9

目標管理　48-51, 81
目標の数値化　31

や行

ユニバーサルデザイン　110

わ行

若者就労支援策　136

■ 執筆者一覧（＊は編集委員）

別惣　淳二	兵庫教育大学大学院教育学研究科	第Ⅰ部　1章
矢藤誠慈郎*	愛知東邦大学人間学部	第Ⅰ部　2章
諏訪　英広*	川崎医療福祉大学医療技術学部	第Ⅰ部　3章
金川舞貴子	岡山学院大学キャリア実践学部	第Ⅰ部　4章
古賀野　卓	筑紫女学園大学短期大学部	第Ⅱ部　5章
熊丸真太郎	徳島文理大学短期大学部	第Ⅱ部　6章
織田　泰幸	三重大学教育学部	第Ⅱ部　7章
曽余田浩史*	広島大学大学院教育学研究科	第Ⅱ部　8章
安原　一樹	兵庫教育大学大学院教育学研究科	第Ⅲ部　9章
赤木　恒雄	倉敷芸術科学大学芸術学部	第Ⅲ部　10章
河相　善雄	兵庫教育大学大学院学校教育研究科	第Ⅲ部　11章
林　　孝*	広島大学大学院教育学研究科	第Ⅳ部　12章
小山　悦司	倉敷芸術科学大学産業科学技術学部	第Ⅳ部　13章
杉山　浩之*	広島文教女子大学人間科学部	第Ⅳ部　14章
福本　昌之*	岡山県立大学情報工学部	第Ⅳ部　15章
湯藤　定宗	帝塚山学院大学文学部	第Ⅳ部　16章
岡東　壽隆	監修者	あとがきにかえて

■ 監修者紹介

岡東　壽隆（おかとう・としたか）
1945 年　広島県東広島市に生まれる
1971 年　広島大学大学院教育学研究科修士課程修了
現　在　広島大学大学院教育学研究科教授
【主著・論文】
　　　　『教育経営学の基礎理論』(共編訳)　コレール社　1986 年
　　　　『スクールリーダーとしての管理職』(単著)　東洋館出版社　1994 年
　　　　『地域における生涯学習の支援システム』(単著)　東洋館出版社　1997 年
　　　　『教師の勤務構造とメンタル・ヘルス』(共著)　多賀出版　1997 年
　　　　『学校の組織文化とリーダーシップ』(共編著)　多賀出版　2000 年

教育経営学の視点から教師・組織・地域・実践を考える
―子どものための教育の創造―

2009年3月10日　初版第1刷印刷	定価はカバーに表示
2009年3月20日　初版第1刷発行	してあります。

	監　　修	岡　東　壽　隆
	編 集 委 員	杉　山　浩　之
		諏　訪　英　広
		曽余田　浩　史
		林　　　　　孝
		福　本　昌　之
		矢　藤　誠慈郎
	発　行　所	㈱北大路書房

〒603-8303　京都市北区紫野十二坊町12-8
電　話（075）431-0361㈹
ＦＡＸ（075）431-9393
振　替　01050-4-2083

© 2009　　制作／T. M. H.　印刷・製本／シナノ書籍印刷㈱
検印省略　落丁・乱丁本はお取り替えいたします
ISBN 978-4-7628-2668-9　　Printed in Japan